51 Respostas e ½ sobre Agile e Gestão de Projetos

Vitor Massari e Fábio Cruz

51 Respostas e ½ sobre Agile e Gestão de Projetos

Que você queria saber,
mas tinha medo de perguntar

Rio de Janeiro
2019

Copyright© 2019 por Brasport Livros e Multimídia Ltda.

Todos os direitos reservados. Nenhuma parte deste livro poderá ser reproduzida, sob qualquer meio, especialmente em fotocópia (xerox), sem a permissão, por escrito, da Editora.

Editor: Sergio Martins de Oliveira
Gerente de Produção Editorial: Marina dos Anjos Martins de Oliveira
Editoração Eletrônica: Abreu's System
Capa: Marcele Sampel
Arte final: Use Design

Técnica e muita atenção foram empregadas na produção deste livro. Porém, erros de digitação e/ou impressão podem ocorrer. Qualquer dúvida, inclusive de conceito, solicitamos enviar mensagem para **editorial@brasport.com.br**, para que nossa equipe, juntamente com o autor, possa esclarecer. A Brasport e o(s) autor(es) não assumem qualquer responsabilidade por eventuais danos ou perdas a pessoas ou bens, originados do uso deste livro.

DADOS INTERNACIONAIS DE CATALOGAÇÃO NA PUBLICAÇÃO (CIP)

M414r   Massari, Vitor L.
      51 respostas e ½ sobre Agile e gestão de projetos: que você queria saber, as tinha medo de perguntar / Vitor Massari, Fábio Cruz. – Rio de Janeiro: Brasport, 2019.
      136 p. : il. ; 14 x 21 cm.

      Inclui bibliografia.
      ISBN 978-85-7452-949-3

      1. Agilidade. 2. Produtividade. 3. Eficiência no trabalho. 4. Gestão de equipes. 5. Planejamento. 6. Projetos. I. Cruz, Fábio. II. Título.

CDU 65.011.4

Bibliotecária responsável: Bruna Heller – CRB 10/2348

Índice para catálogo sistemático:
1. Produtividade / Eficiência / Sucesso / Etc. 65.011.4

BRASPORT Livros e Multimídia Ltda.
Rua Teodoro da Silva, 536 A – Vila Isabel
20560-005 Rio de Janeiro-RJ
Tels. Fax: (21)2568.1415/3497.2162
e-mails: marketing@brasport.com.br
vendas@brasport.com.br
editorial@brasport.com.br
www.brasport.com.br

Vitor Massari
Dedico este livro às minhas três grandes mulheres, minha mãe Valéria, minha amada esposa Márcia e minha filha Laura Vitória Massari, e ao meu finado pai Florivaldo Massari.

Fábio Cruz
Eu dedico este livro a todos aqueles que, como eu, buscam aprender sempre. Deixo aqui o seguinte pensamento:

"Quando vocês me ouvirem dizer que eu já sei tudo porque já aprendi e fiz de tudo, será o dia em que eu terei fracassado e passei a não saber mais nada".

Agradecimentos

Vitor Massari
À minha esposa Márcia e minha filha Laura Vitória por todo o amor, paciência e incentivo durante a jornada de escrita deste livro; à editora Brasport, por mais uma vez estar apoiando e fornecendo todo o suporte e parceria a mais este trabalho; ao grande amigo e sócio Fábio Cruz pela honra de dividir a autoria deste livro; ao amigo e mentor Paulo Caroli, pela honra de nos prestigiar com um belo prefácio; a todos os Hiflexers (ex-membros e atuais membros do time); aos meus outros grandes mentores profissionais: Luis Ricardo Almeida, Fernando Vilares, Arturo Sangiovanni, Marcos Miranda, José Agnaldo Sousa, Marcus Caldevilla, João Carlos Deiró, Cláudio Teruki, Nelson Hiroshi Uchida, Dimas Magalhães, Ricardo Vergara, Izaura Suguimoto e Rosemari Gatti; à Marcele Sampel pela confecção das imagens e capa do livro; aos amigos Maurício de Souza, Eduardo Freire, Jackson Caset, Paulo Eduardo de Jesus, Evandro Fornazari, André Teixeira, Alexandre Unzer, Rachel Simões, Flávia Amorin, Thauany Bitencourt, Daniella Aguiar e Luciene Rocha; a todos os clientes que confiam no trabalho do time Hiflex Consultoria e a todos os meus demais familiares.

Fábio Cruz
Este trabalho é fruto do incentivo e da colaboração de várias pessoas e organizações, as quais eu gostaria de agradecer: à editora Brasport, pela contínua confiança e interesse no meu trabalho; a todos os leitores dos meus textos e livros, alunos de *workshops* e treinamentos e

clientes que sempre me questionaram e me desafiaram a ser melhor e a continuamente aprender com eles; ao meu amigo e sócio Vitor Massari por me provocar e me puxar a ser cada vez melhor e não deixar oportunidades como a de escrever este livro passar; aos meus filhos Pedro e Pietra, por me amarem sempre, mesmo quando eu estava debruçado sobre o computador escrevendo sem dar a devida atenção a eles; a minha esposa Vanessa, por ser paciente por todos esses anos e aguentar o meu lado rabugento e chato, que não dá atenção para ela quando o "trabalho me chamava"; aos meus parentes, amigos e colegas de trabalho que contribuíram de diversas maneiras para formar o alicerce para esta obra.

Prefácio

Uma boa conversa de bar: é isso que você tem em suas mãos agora. Este não é mais só um livro sobre agilidade, mas também uma conversa aberta e esclarecedora com respostas a perguntas frequentes sobre agilidade, inovação, trabalho em equipe e pragmatismo.

Mas este livro também vai além de perguntas e respostas. Ele será o responsável por fazer você pensar, refletir e compreender a iteração atual entre pessoas, equipes e organizações. Tudo isso acompanhado de muito carisma, pragmatismo e conhecimento, características marcantes dos autores Fábio e Vitor.

O primeiro dos quatro valores do Manifesto Ágil é: "indivíduos e iterações mais que processos e ferramentas". Ou seja, antes de tudo, é preciso humanizar o projeto e se relacionar com as pessoas envolvidas. É somente por meio do contato com outros indivíduos, da comunicação e da troca de experiências e de conhecimentos que um projeto ágil terá sucesso. E é exatamente isso que as próximas páginas irão lhe proporcionar!

Logo após retornar ao Brasil e fazer parte da fundação da AgileBrasil, em 2010, eu conheci o Fábio e o Vitor. Esse encontro, aliás, aconteceu em uma excelente conversa numa mesa de bar, após um evento. Desde então, segui encontrando eles nas conferências, nos eventos e nas rodas de conversas sobre agilidade, gestão, inovação e transformação. Cada uma dessas ocasiões gerou muito aprendizado em conjunto e é por isso que me senti tão honrado com o convite de escrever este prefácio. O trabalho do Fábio e do Vitor é incrível e de extrema importância para quem quer trabalhar com gestão de projetos ágil, então aproveite a oportunidade de aprender o máximo possível com eles.

Os autores compartilham muito conhecimento sobre cada um dos temas. Porém, o que mais chama a atenção é o carisma, a forma cativante como ambos se relacionam com pessoas de várias tribos – *Scrum, Kanban,* XP, PMI, *Lean Inception, Lean StartUp, Design Thinking* etc. – e promovem uma excelente interação entre elas.

Assim como no primeiro valor do Manifesto Ágil, eles têm muito a compartilhar sobre processos e ferramentas. Entretanto, valorizam muito mais os indivíduos e as interações. Isso é o grande segredo do sucesso e também o importante objetivo do livro: entender indivíduos e promover iterações.

Então, abra uma cerveja – ou uma água, um suco ou a bebida de sua preferência – e imagine-se na mesa do bar, conversando com o Fábio e o Vitor. Esteja disposto a aprender e também a compartilhar os seus conhecimentos. Lembre-se de que são esses relacionamentos que promovem resultados.

Agora, um conselho: aproveite isto que está em suas mãos. Faça uso dessa boa conversa de bar, porque é daquelas que conta com um excelente bate-papo, de modo descontraído, mas extremamente efetivo e eficaz, com muito aprendizado e troca de experiências.

Boa leitura!

Paulo Caroli
Consultor principal da Thoughtworks
Cofundador da AgileBrazil
Autor do livro "Lean Inception"

Sobre os Autores

Vitor Massari

Sócio-Diretor e um dos principais consultores e especialistas em *Agile/Lean* da Hiflex Consultoria, possui mais de 18 anos de experiência em projetos de inovação.

Atualmente ajuda organizações de pequeno, médio e grande porte a darem passos rumo à agilidade em projetos, tais como Whirlpool Corporation, Kroton Educacional, Leroy Merlin, Tecban, Telemont, Brasilprev, Locaweb, Porto Seguro, Chubb Seguros, entre outras.

Detentor de mais de 20 certificações internacionais especializadas no tema, como PMI-ACP, *Certified Scrum Professional*, *Professional Scrum Master III*, *SAFe Agilist*, *DevOps Master*, PRINCE2® *Agile*, entre outras. Agilista, gerente de projetos, colunista, blogueiro, instrutor e anárquico, acredita no equilíbrio entre as várias metodologias, *frameworks* e boas práticas voltadas para gestão de projetos e que os gestores precisam encontrar esse equilíbrio, muito mais do que seguir cegamente modelos predeterminados.

Docente da disciplina Gestão Ágil de Projetos nas maiores instituições de ensino do Brasil. Integrante do corpo docente do primeiro curso de formação de *Agile Coaching* do Brasil, organizado pela Massimus.

Vencedor por dois anos consecutivos do Troféu Luca Bastos do evento nacional Agile Trends, trazendo *cases* de aplicação de gerenciamento ágil em clientes.

Voluntário e tradutor do *framework* LeSS para utilização de métodos ágeis em escala. Pioneiro na utilização de métodos ágeis em escala (Nexus, LeSS, SAFe) em ambientes não TI.

Membro do comitê internacional e revisor das certificações EXIN *Agile Scrum*.

Autor dos *best-sellers* "Gerenciamento Ágil de Projetos" (2014)[1] e "Agile Scrum Master no Gerenciamento Avançado de Projetos" (2016)[2], "Gestão Ágil de Produtos com Agile Think® Business Framework" (2018) e "Dicionário de Termos Abomináveis do Mundo Corporativo" (2019). Todos foram publicados pela Brasport.

---

[1] Segunda edição lançada em 2018.

[2] Segunda edição lançada em 2019.

Fábio Cruz

Com mais de 26 anos de experiência na área de TI, trabalhando em diferentes papéis no desenvolvimento de produtos e no gerenciamento de ciclo de vida de aplicação (ALM), com histórico comprovado como desenvolvedor, arquiteto de aplicação, líder técnico, analista de negócios e gerente de projetos. Nos últimos 10 anos tem apoiado equipes na construção e entrega de soluções tecnológicas em diferentes nichos como educação, varejo, financeiro, energia, *e-commerce* (b2c, b2g, b2b), entre outros, em empresas nacionais e internacionais incluindo times remotos ao redor do mundo.

Também tem atuado como autor, *trainer*, palestrante, empreendedor e acumulou experiência como voluntário.

É sócio-diretor e um dos principais consultores da Hiflex Consultoria, no qual tem se apresentado como *Enterprise* e *Agile Coach* atuando como agente de mudança nos últimos seis anos, implementando ágil e conduzindo transformações organizacionais, ajudando na melhoria do processo de desenvolvimento de software, ensinando e capacitando novos *Scrum Masters*, *Agile Coaches*, *Product Owners* e Times de Desenvolvimento sobre como construir e entregar software de forma mais rápida, com eficiência e efetividade usando boas práticas ágeis como Alto Valor Agregado, Desenvolvimento Iterativo, Integração Contínua, Automatização de Testes, Melhoria Contínua, *Clean Code*, Refatoração, *Code Review*, TDD e BDD, além de *Scrum*, *Nexus*, XP e *Lean*.

Um dos pioneiros, nas comunidades de projetos e *Agile* do Brasil, a falar e defender a gestão ágil com o apoio de modelos híbridos visando transformar as empresas tradicionais em ágeis, incluindo mais de 300 artigos, vídeos e *podcasts* publicados.

Integrante do corpo docente do primeiro curso de formação de *Agile Coaching* do Brasil. Integrante do corpo docente e Líder de núcleo *Agile* PMO da formação PMO Master Class. Como membro do comitê internacional dos exames EXIN *Agile Scrum Master* (ASM) e EXIN *Agile Scrum Foundation* (ASF), elaborou questões de certificação e traduções.

Como voluntário da Scrum.org, foi o principal tradutor do inglês para o português do Guia do *Scrum* versões 2011, 2013, 2016 e 2017, e do Guia do *Nexus* 2015 e 2018.

Como voluntário do *Project Management Institute* de 2010 a 2016, contribuiu para muitos projetos e participou da diretoria do capítulo de Santa Catarina.

Autor dos *best-sellers* "Scrum e PMBOK unidos no gerenciamento de projetos" (2013), "Scrum e Agile em Projetos – Guia Completo" (2015)[3] e "PMO Ágil – Escritório Ágil de Gerenciamento de Projetos" (2016). Todos foram publicados pela Brasport.

---

[3] Segunda edição lançada em 2018.

Sumário

Introdução 1

Parte I – A vida é dura 9

Parte II – Ágil fora da TI 13

Parte III – Em busca do *canvas* perdido 17

Parte IV – Complexidade 19

Parte V – Contratos 23

Parte VI – *Cynefin feelings* 29

Parte VII – Desafios 33

Parte VIII – *DevOps* 51

Parte IX – Em busca da "vaca sagrada" 55

Parte X – Escala 59

Parte XI – Híbrido 63

Parte XII – *Kanban* 71

Parte XIII – Lenda urbana 75

Parte XIV – Liberdades poéticas 79

Parte XV – Missão impossível 89

Parte XVI – MVP 93

Parte XVII – PMO 97

Parte XVIII – Recurso compartilhado 105

Parte XIX – *Scrum* 107

Epílogo 113

Introdução

Parte I – A vida é dura

1) Você se animou com o conceito do *Agile*, se instruiu, levou para a equipe, a equipe comprou a ideia, vocês fizeram todas as cerimônias como deveriam e aí vem o resultado negativo ou aquém do esperado. Eis um assunto delicado: você e a equipe notaram nas *dailys* que existe um motivo para aquele "fracasso", uma maçã podre que não se alinha à cultura proposta. A situação se perpetua. Você, como líder, age, inspira, motiva, lança desafios, mostra as deficiências e nada. Chega uma hora delicada e pouco tratada na literatura: todos estão preparados para o Ágil? Indo um pouco mais fundo na gestão de pessoas, quando desistir de alguém?

Fábio Cruz responde:
Acredito que não devemos descartar as pessoas sem dar bons *feedbacks* e algumas chances de melhoria, porém também não devemos manter por tempo indeterminado pessoas que não respondem como esperado no que diz respeito à auto melhoria contínua e que não atingem metas previamente acordadas. No entanto, para que isso funcione bem, as regras precisam estar claras desde o momento inicial, onde as avaliações para manter ou descartar as pessoas serão realizadas. Por experiência própria, vi situações como esta da pergunta acontecer, e a tal "preparação para o ágil" no fundo não existe se não houver uma preparação prévia, com data para iniciar e terminar, e as pessoas estarão preparadas se um processo claro e objetivo de avaliação e sistema de metas for bem definido e disseminado. Caso isso não tenha sido feito, você terá um problema nas mãos e terá que optar pelo descarte em uma situação desconfortável ou manter a pessoa que não atende gerando um desconforto muitas vezes para os demais. Para situações futuras, prepare as suas equipes definindo metas claras, difíceis, mas atingíveis, e deixe as regras mais claras ainda em relação a possíveis descartes, como e quando poderão acontecer, e que o desconforto irá sumir com o tempo e os times estarão preparados para as situações delicadas, lembrando, é claro, que geralmente as demissões são como as mortes de pessoas

próximas: por mais que saibamos que vai acontecer, nunca é bom e sempre dói.

Vitor Massari responde:
Quando todas as tentativas de melhoria foram feitas. Desde discussões sobre o processo nas retrospectivas até o *coaching* individual para entender a razão da resistência ou mesmo entender os motivadores intrínsecos e extrínsecos. Método ágil não é comunidade hippie onde todo mundo se abraça e dança ao som de Jimi Hendrix no final do dia, independentemente do que acontecer. Muitas vezes decisões duras precisam ser tomadas e pessoas ficam no meio do caminho. Não é um método para todos.

Parte II – Ágil fora da TI

2) É conhecido que a adesão aos métodos ágeis é mais comum entre os projetos de informática e desenvolvimento de software. Como podemos aplicar os conceitos ágeis em projetos de desenvolvimento de produtos, construção civil, fusões, etc.? Vocês conhecem algum *case*?

Fábio Cruz responde:
O primeiro ponto que destaco é que a adesão é maior na área de tecnologia, em especial pela galera do software, por entender que esses produtos em questão são complexos e as práticas e os processos ágeis são mais adequados a este contexto. O segundo ponto que destaco é o desconhecimento de muitos profissionais e empresas em relação ao que é o Ágil e principalmente da sua origem. O Ágil está intimamente ligado ao *Lean*, seus pensamentos e práticas, e o *Lean* surgiu na indústria clássica. E por falta de conhecimento também, muitos acreditam que o *Lean* só funciona nas fábricas e linhas de montagem ou de produção, outro equívoco enorme. O *Lean*, através de seus pensamentos e práticas, pode ser aplicado em qualquer área de qualquer organização, assim como os pensamentos e práticas ágeis. É impossível falar de Ágil sem falar de *Lean*, e por fim sem falar do *Cynefin*, que nos remete à teoria da complexidade para decisões mais certas em relação a quais práticas, processos e métodos utilizar, que estilo de liderança e *skills* de pessoas focar, que estrutura de empresa ou equipes formar. O *Cynefin* nos traz os ambientes óbvios e complicados, onde práticas e pensamentos preditivos funcionam muito bem, o ambiente complexo, onde pensamentos e práticas ágeis funcionam muito bem, e a partir dessa análise é que se decide o que melhor se aplica. Quando mais desconhecido, imprevisível e com resultado incerto e variável, mais ágil, mais iterativo, mais incremental, quanto mais previsível, conhecido e com relação de causa e efeito certa, mais preditivo, e isso não tem a ver com TI ou não TI, com indústria ou não indústria, com área X ou área Y, tem a ver com o produto ou serviço em que a respectiva área está trabalhando e o quanto de previsibilidade existe.

Vitor Massari responde:
Volto a insistir que as pessoas devem parar de categorizar abordagens por tipo de produto e sim pela teoria da complexidade. Podem se encaixar em problemas complexos: projetos de software, projetos de marketing, projetos de novos produtos, projetos acadêmicos, projetos de pesquisa e desenvolvimento, projetos de *startup*, projetos de RH. Problemas como os de construção civil, usinas hidrelétricas e plataformas petrolíferas possuem características muito mais complicadas do que complexas, então faz muito mais sentido uma abordagem híbrida. Se bem que, conversando com alguns engenheiros, alguns compartilharam que muitas vezes a construção migra para o complexo. Recentemente tive acesso a uma pesquisa do David Snowden sobre *Cynefin* para Engenheiros, bem interessante. Sobre *cases* fora da TI, sugiro acessar o canal Programa Webinars Descendo Pro Play, onde todo mês tem um *case* bacana de diversos segmentos de mercado. O canal é <http://youtube.com/c/ProgramaWebinarsDescendoProPlay>.

* * *

3) Qual órgão público no Brasil ou no mundo teve sucesso na implantação de metodologias ágeis, principalmente o *Scrum*, por empresa ou consultor terceirizado?

Fábio Cruz responde:
Vários casos de sucesso já foram obtidos no Brasil e pelo mundo afora. Lembrando, claro, que órgãos públicos, em sua maioria, podem ser comparados com uma grande empresa privada, onde nenhuma das que se apresentam como ágeis atualmente conseguiram aplicar o Ágil. Como pensamento ou prática como o *Scrum* e toda a sua estrutura, o que conhecemos hoje de *cases* de sucesso em empresas privadas são em áreas específicas ou até em times de projetos ou produtos específicos, então o mesmo vale para os órgãos públicos. Dessa forma, já tivemos alguns *cases* de sucesso em órgãos públicos que

nosso time da Hiflex teve o prazer de atuar, como o *case* da Prefeitura da Praia Grande de SP e o do TST do Ceará, onde ambos tiveram início nas áreas de TI, modificando e otimizando processos, aplicando o *Scrum* como uma das práticas e melhorando os resultados perceptíveis com pouco tempo e depois migrando para outras áreas e departamentos da empresa pública. Ambos os *cases* podem ser consultados no canal Programa Webinars Descendo Pro Play, disponível em: <http://youtube.com/c/ProgramaWebinarsDescendoProPlay>.

Vitor Massari responde:
Posso mencionar dois *cases* que tive o prazer de participar. Um diretamente e o outro indiretamente. Um *case* é da Prefeitura de Praia Grande, que começou um movimento inicial na TI e que se propagou para as demais secretarias. E o outro é o TRT do Ceará, que também iniciou na TI e migrou para outros departamentos. Ambos os *cases* com detalhes, números e resultados estão no canal Programa Webinars Descendo Pro Play, canal que organizo, disponível em: <http://youtube.com/c/ProgramaWebinarsDescendoProPlay>.

Parte III – Em busca do *canvas* perdido

4) Como integrar o *Project Model Canvas* e a gestão ágil de projetos?

Fábio Cruz responde:
Tanto o *Project Model Canvas* quanto qualquer outro artefato, ferramenta ou documento deve ser primeiro analisado na perspectiva de utilidade para os trabalhos que estão feitos. O Ágil defende acima de tudo que se utilize aquilo que realmente será útil para quem está trabalhando no produto ou serviço do projeto, ou para o cliente que irá utilizar o produto ou serviço quando este estiver pronto. No caso do *Project Model Canvas*, a análise deve ser feita questionando: "quem utilizará? Quando utilizará? Para que utilizará?". Ao ter respostas satisfatórias para as três perguntas, geralmente o "quando" é no início do projeto ou de um planejamento, especialmente com o objetivo de promover um entendimento macro do planejamento de forma colaborativa por todos os principais envolvidos com o projeto, envolvendo *stakeholders*, patrocinadores, pessoas de negócio, especialistas técnicos e clientes. Atualmente, deve-se evitar que o planejamento seja feito por uma pessoa (que suspostamente sabe tudo e controla tudo), e sim pela equipe do projeto de forma colaborativa e com corresponsabilidade. Aliado a isso o *Project Model Canvas* é uma excelente ferramenta de apoio para ajudar no planejamento, entendimento e direcionamento dos trabalhos de um projeto.

Vitor Massari responde:
Considero o *Project Model Canvas* uma espécie de documento de Visão do projeto. Gosto muito de utilizar os itens de Requisitos para mapear épicos e MVPs, Grupo de Entrega para mapear *releases*, associando com as colunas Linha do Tempo e Custos. Mas não devemos negligenciar jamais os itens Justificativa, Objetivo e Benefícios, que, na minha humilde opinião, são os três itens mais importantes do *Canvas*, e, infelizmente, vejo muitos sendo gerados com informações pobres e sofríveis.

Parte IV – Complexidade

5) Como conciliar os modelos de gestão de projetos (PMI, PRINCE2®), que buscam escopo bem definido e cronograma detalhado de atividades, com o modelo ágil? Como implantar o modelo ágil em organizações que não trabalham de forma projetizada?

Fábio Cruz responde:

Mais uma vez temos alguns mal-entendidos e até mesmo pitadas de desconhecimento sobre métodos como o PRINCE2®, boas práticas como o *PMBOK® Guide* e que por consequência geram disfunções no entendimento de métodos e pensamentos ágeis. Tanto o *PMBOK® Guide* quanto o PRINCE2® falam sobre práticas de planejamento, gerenciamento e detalhamento de escopo e cronogramas (ou planos), mas em nenhum dos dois, muito menos no *PMBOK® Guide*, que não é um método, é dito que é para ter escopo bem definido altamente detalhado, acompanhado de um cronograma altamente detalhado em todos os casos. O que é dito é que, dependendo da necessidade e de cada projeto, se deve buscar ciclos mais curtos e faseados, podendo até chegar a ciclos mais longos. Essa análise de contexto sempre fez parte dos modelos mais tradicionais, porém nem sempre prescrito em detalhes e com passo a passo para identificar quando usar um ou quando usar outro, até porque essa não é a proposta de nenhum dos guias mencionados. O PRINCE2® traz *gates* e iterações de trabalho em seu conteúdo, e a última versão do *PMBOK® Guide* traz, além de ciclos iterativos e incrementais, o conceito de *tailoring*, que permite identificar quais processos e ferramentas utilizar e com qual profundidade. O que falta em ambos é uma técnica para identificar corretamente qual abordagem, quais processos e em qual profundidade, e é por isso que citamos o *Cynefin* como ferramenta de decisão para analisar os contextos de complexidade e propor as melhores soluções possíveis, navegando entre mais preditivas e previsíveis e mais iterativas e imprevisíveis. Escopo bem definido é característica de sistemas óbvios, previsíveis, e por isso devemos usar processos preditivos. Já escopo flexível e incerto é característica de sistemas complexos, e por isso devemos usar processos iterativos e incrementais. Tudo isso está previsto e pode ser aplicado usando como base abordagens ágeis ou tradicionais que estão presentes no PRINCE2® e no *PMBOK® Guide*, podendo inclusive combinar em modelos híbridos métodos e práticas ágeis.

Vitor Massari responde:
Primeiramente, temos que rever algumas coisas. *PMBOK® Guide* e PRINCE2® em nenhum momento focam em "ter escopo bem definido". Ambos falam sobre ter escopo. O nível de detalhamento do escopo é que varia de acordo com a complexidade do problema. Se o problema é complexo podemos trabalhar com elaboração progressiva de escopo (técnica abordada há anos no *PMBOK® Guide*), que é um dos preceitos dos métodos ágeis. Sobre a organização não ser projetizada, temos as mesmas questões atualmente existentes em projetos que não atuam com práticas ágeis: estruturas matriciais muitas vezes fracas, onde o gerente funcional acaba impactando no andamento do projeto, problemas de compartilhamento e disponibilidade de recursos. Métodos novos, velhos problemas...

* * *

6) Como fazer gestão ágil em projetos de grande porte e alta complexidade, como, por exemplo, uma migração envolvendo múltiplas plataformas de processamento?

Fábio Cruz responde:
Esta é uma pergunta interessante que vemos muito e que nos leva a pensar que a maioria das pessoas não sabe o que é Ágil e não se aprofundou no assunto, e com isso tem a ideia de que abordagens ágeis são aplicadas em projetos pequenos, curtos, rápidos e de baixa complexidade. Esse é um entendimento totalmente equivocado. O que direciona um projeto, ou um desenvolvimento de produto, ou

uma iniciativa para a prática de métodos, abordagens e pensamentos ágeis, é justamente a complexidade alta, onde o complexo para o Ágil é a imprevisibilidade, o alto risco e quanto maiores forem as variáveis desconhecidas em uma iniciativa, mais o Ágil faz sentido. A recomendação para entender melhor esse contexto é estudar a teoria da complexidade a partir do *framework Cynefin* e compreender que tudo que se enquadrar no ambiente complexo do *Cynefin* é recomendado o uso do Ágil. Portanto, usar ou não o Ágil nada tem a ver com tamanho de projeto ou produto, tempo ou duração. Tem a ver com a complexidade inerente ao desconhecido: quanto mais desconhecidos o escopo, as tecnologias e os resultados, mais ágil; quanto mais conhecido, mais tradicional. A partir do entendimento desse conceito, é preciso estudar os processos, metodologias, equipes e estrutura em que o projeto está inserido, identificar problemas e oportunidades de melhoria e começar a aplicar o Ágil a partir dessa análise, de forma evolutiva e cadenciada.

Vitor Massari responde:
A alta complexidade do problema favorece a adoção de abordagens ágeis de forma integral. Mas qual seria a complexidade do problema? Conhecemos e temos mapeados os processos de plataforma atual (causa), porém temos incertezas sobre como esses processos se comportarão em uma plataforma nova (efeito). A única maneira de eliminarmos essas incertezas de comportamento é através de empirismo, e os métodos ágeis trabalham com abordagens empíricas, incrementais e iterativas. Desenvolvendo ou migrando pequenas partes da plataforma poderemos observar comportamentos, eliminar incertezas, identificar problemas e retroalimentar a migração das outras partes com pontos de descoberta e melhoria contínua.

Parte V – Contratos

7) O que fazer para garantir o comprometimento de fornecedores externos aos métodos ágeis e principalmente às *timeboxes* do projeto?

Fábio Cruz responde:
Eu faria uma pergunta antes: atualmente os fornecedores são comprometidos e cumprem as *timeboxes* do seu projeto? Se sim, por que você está pensando em mudar algo e usar abordagens ágeis? Agora, se não, você já tem um problema e este não é um problema que tem a ver com Ágil ou não Ágil, tem a ver com colaboração entre parceiros e provavelmente também tem a ver com colaboração com o cliente, que é um dos valores ágeis. O Ágil resgata o valor de colaboração, que deveria existir em qualquer organização, entre times, parceiros, fornecedores e clientes. Sem a colaboração e o sentimento de dono do produto ou serviço do projeto que está sendo realizado, nenhuma *timebox* será cumprida, com ou sem Ágil. Comece então a envolver o seu fornecedor e principalmente defina e divulgue as regras de trabalho entre vocês. Ágil não é ausência de regras, pelo contrário, para melhorar, otimizar e enxugar processos é preciso haver regras claras, objetivas e bem definidas, além de divulgadas entre todos os envolvidos. Comece por um processo enxuto e, claro, com regras que promovam colaboração, e pense em metas para gerar comprometimento do seu fornecedor. Comprometimento ou motivação sem meta coerente é igual pudim no painel do caminhão em estrada esburacada: você acha que vai durar e no primeiro obstáculo ele se desmancha todo e ainda suja tudo.

Vitor Massari responde:
Primeiramente, contratando fornecedores que realmente saibam trabalhar no método. Não adianta somente o cliente mudar sua forma de trabalho e simplesmente exigir que o fornecedor comece a trabalhar como ele. Algumas empresas deram um prazo para que seus fornecedores se capacitassem no novo método de trabalho para "falarem a mesma língua do cliente" tanto tecnicamente

quanto contratualmente. Outras empresas simplesmente migraram para fornecedores que já trabalhavam de forma ágil. Agora, simplesmente tentar impor ao cliente através de cláusulas, multas e SLA é pedir para sofrer e ignorar o impacto que a restrição de dependência externa gerará ao projeto.

* * *

8) Em um contrato ágil, quando são negociadas horas em cima de um escopo macro, qual a melhor maneira de controlar o desenvolvimento de itens de escopo x itens fora de escopo? De forma que fique claro para o cliente que as horas também estão sendo utilizadas em melhorias fora do acordo inicial.

Fábio Cruz responde:
Existem contratos ágeis sendo aplicados no mercado que preveem o escopo flexível em combinação com a colaboração com o cliente. A colaboração com o cliente é o valor mais importante do Manifesto Ágil no quesito resposta a mudança com ganhos para o cliente e fornecedor, pois apenas havendo colaboração é possível absorver mudanças sem prejuízos maiores que o próprio impacto da mudança. Os contratos ágeis que trabalham com Escopo Flexível x Colaboração com Cliente funcionam da seguinte maneira: 1 – A contratação é por horas/homem, e os acordos de entrega por *Sprint* são realizados entre fornecedor e cliente; 2 – As mudanças que ocorrerem no escopo e que afetarem as horas/homem serão assumidas pelo Cliente quando este não estiver presente no dia a dia do projeto, assumindo com isso os riscos das mudanças pela sua ausência, ou assumidos pelo fornecedor quando o Cliente estiver totalmente disponível e presente, mas o Time não consegue entender o valor e entregar algo que o cliente aceite. Nesse caso, o fornecedor assume os riscos das mudanças pelo seu baixo desempenho em entender, desenvolver e entregar um produto que entregue valor percebido ao cliente. Como

complemento, as mudanças originadas explicitamente, e entendidas pelo fornecedor e cliente como melhorias, serão realizadas com as horas/homem já contratadas, e, para o excedente ao limite proposto, poderão ser contratadas horas adicionais para melhorias adicionais, que serão facilmente compreendidas pelo Cliente quando há colaboração. Neste primeiro modelo os riscos são compartilhados.

Outro tipo de contrato é por entregas de *Sprint*, e o contrato sendo renovado a cada *Sprint* que é iniciada. Ao ser realizada a entrega de valor, o pagamento também é realizado. Nesse caso, o time e o fornecedor precisam estar bem maduros no que diz respeito a entregas incrementais por iteração, e o produto também deve permitir tal entrega de incremento pronto para uso.

Vitor Massari responde:
Gráfico *burndown*, porém não aquele que é gerado pela maior parte das ferramentas de gestão ágil. Você controla escopo adicionado/removido abaixo do eixo zero de um gráfico de barras. Para maiores detalhes, leia meu livro "Gerenciamento Ágil de Projetos", da Brasport.

* * *

9) Qual a melhor forma de lidar com a dicotomia licitação/gerenciamento ágil, uma vez que a licitação deve ser rígida quanto ao escopo e os métodos ágeis possuem escopo flexível, com replanejamento e repriorização constantes?

Fábio Cruz responde:
O primeiro ponto a ser considerado é a forte restrição que a licitação representa. Atualmente não é possível realizarmos certas contratações ou negócios sem licitação, então por ser uma obrigação legal se torna necessária e inevitável. Ser ágil é conseguir entregar valor

e benefício ao cliente no menor tempo possível dentro das restrições existentes, e não ser ágil apenas sem restrição nenhuma é fácil. A partir desse ponto é preciso primeiro praticar colaboração com o cliente para aumentar as chances de realizar os *trade-offs*, ou seja, as trocas. Quanto mais o cliente colaborar com o time do fornecedor, mais facilmente o próprio cliente irá encontrar alternativas para que o edital seja atendido e que as trocas sejam realizadas dentro da lei e dentro das melhores alternativas para todos. Uma troca é entrar um item novo de escopo e sair um item já existente com um esforço similar. Muitas vezes, quando o cliente apenas quer adição de escopo sem abertura para retirar é porque não há colaboração, e o sentimento de obrigação de entregar um produto é apenas do cliente. Já vivi várias experiências como time de fornecedor onde o cliente entendia a necessidade de trocar e era o primeiro a pensar em como facilitar o atendimento do edital, e em todas as vezes que isso ocorreu foi devido à alta colaboração entre cliente e fornecedor.

Vitor Massari responde:
Geralmente a licitação é rígida, principalmente com prazo e custo. Nesse caso, as repriorizações deverão ser baseadas em trocas, ou seja, para um item ser adicionado ao escopo, outro item de esforço similar com menor prioridade deverá ser retirado do escopo. Não tem fórmula mágica, avalie a sua restrição e planeje sua ambição ao redor dela.

Parte VI – *Cynefin feelings*

10) Como dosar o tradicional e o Ágil na hora de optar por modelos híbridos? Quais os fatores mais importantes para decidir por modelos híbridos?

Fábio Cruz responde:
Sem sombra de dúvidas o maior fator a ser considerado é a complexidade existente. Complexidade esta que não está ligada a ser difícil ou fácil, mas a desconhecimento, imprevisibilidade, alta probabilidade de mudança e alta incidência de riscos desconhecidos. Complexidade para o Ágil está ligada ao desconhecido, a não relação entre causa e efeito e não previsibilidade de um resultado. Desse modo, produtos, projetos e iniciativas que são muito bem conhecidos e que ao realizar exatamente um processo o resultado esperado é 100% previsível, para o Ágil esse é um sistema óbvio ou complicado de baixa complexidade, e nesse sistema podemos aplicar boas práticas de gestão tradicional e nos apoiar fortemente em processos bem definidos aplicando conceitos de gestão, planejamento e desenvolvimento preditivo. Já quando a complexidade é alta, devemos trabalhar mais focados em validar hipóteses o mais breve possível, ajustar e aceitar mudanças o mais cedo possível para mitigar riscos e reduzir impactos, e nesse caso devemos utilizar práticas e métodos ágeis aplicando conceitos de gestão, planejamento e desenvolvimento iterativo e incremental. É possível que um projeto, produto ou iniciativa tem partes ou momentos mais e menos complexos; nesse caso, podemos pensar em modelos híbridos combinando práticas preditivas com iterativas e incrementais.

Vitor Massari responde:
Acredito cada vez mais que as teorias de complexidade nos auxiliarão nessa questão de escolha de abordagens. Gosto muito do *framework Cynefin*, criado pelo pesquisador David Snowden, que categoriza quatro possíveis relações entre causa e efeito: Óbvio, Complicado, Complexo e Caótico. Nos problemas óbvios e complicados, teremos tendência a usar *waterfall* ou talvez híbrido. Nos problemas complexos, o Ágil responderá melhor ou talvez o híbrido ajude em um

estado temporário de transição. Nos problemas caóticos, metodologias não vão resolver nada, uma vez que estaremos literalmente no "meio do incêndio". Estabelecendo as relações entre causa e efeito, evitaremos frases pavorosas e mais requentadas que café de ontem, como: "o importante é usar a caixinha de ferramentas" ou "vamos usar o melhor das melhores práticas", todas baseadas em pavorosos *feelings*. *Feeling* para o que precisa de *feeling*, para as demais coisas vamos usar ciência e pesquisa. *Cynefin* na veia!

* * *

11) Quando não ser ágil? (não vale responder quando o cliente exige...)

Fábio Cruz responde:
Na minha cabeça sempre podemos ser ágeis, não há contraindicação, especialmente se olharmos para uma das origens do Ágil, que é o *Lean* e a busca pela simplicidade e pelos trabalhos que não precisam ser feitos. O Ágil como pensamento e linha de atuação pode ser aplicado em tudo a nossa volta. Já no que diz respeito a práticas e processos de trabalhos, podemos e devemos considerar a complexidade inerente ao ambiente, projeto, produto ou iniciativa a ser realizada. Quando a complexidade é baixa, ou seja, tudo é conhecido, a relação de causa e feito é conhecida, a previsibilidade é alta, podemos utilizar confortavelmente planejamento e processos preditivos, e não faz tanto sentido utilizar práticas iterativas e incrementais, pois os ganhos serão menores.

Vitor Massari responde:
Quando seu problema não for de natureza complexa ou quando todas as variáveis do seu projeto estiverem sob controle e o nível de incerteza for muito baixo. Leia sobre o *framework Cynefin*.

* * *

12) Caros, em relação aos modelos híbridos, existem números concretos de sucesso em projetos? Caso houver, qual método prevaleceu neste modelo, ágil ou tradicional?

Fábio Cruz responde:
A última pesquisa a que tive acesso foi em 2017, realizada pelo PMI para apoiar o Guia de Práticas Ágeis criado pelo PMI em parceria com a *Agile Alliance*, onde foi apresentado que dentre as empresas pesquisadas 75% utilizavam práticas ágeis, sendo que 1 a cada 5 projetos aplicavam modelos híbridos e 55% das empresas que obtiveram sucesso utilizavam esses modelos. No entanto, na minha opinião, essas pesquisas focam em encontrar modelos e métodos que funcionem em todos, ou na maioria, dos casos. Mas hoje essa tal "fórmula mágica" está cada vez mais distante da realidade (se é que existiu algum dia), e quando se fala em métodos ágeis essa receita mágica é praticamente inexistente. Usar apenas a prática X do Ágil, ou a Y do tradicional, ou a X+Y do híbrido não é garantia nenhuma de sucesso, é preciso entender o contexto da organização e seus projetos, com base na análise da complexidade e da previsibilidade. Utilizar um modelo preditivo em um cenário de alta complexidade com imprevisibilidade e desconhecimento é fracasso na certa – e isso não significa que o modelo não funciona, só significa que foi utilizado no local errado. Ao meu ver, as pesquisas estão cada vez mais escassas, exatamente porque os cenários, projetos, produtos e empresas replicáveis e copiáveis estão cada vez mais em extinção, e a tendência é nos próximos anos acabarem de vez.

Vitor Massari responde:
Desconheço essa pesquisa. Até porque sucesso para mim é utilizar a abordagem correta de acordo com a complexidade. Se usou híbrido em um problema de natureza complexa ou simples, possivelmente rasgou dinheiro. Agora, em um problema complicado, possivelmente obteve bons resultados.

Parte VII – Desafios

13) Indo além do conhecimento de processos e ferramentas, minha pergunta envolve comportamento. Que comportamentos vocês consideram essenciais para um gerente de projetos que trabalhou a vida inteira utilizando abordagem *waterfall* e que agora precisa atuar com abordagem ágil?

Fábio Cruz responde:
Desapego do poder e entendimento de que o comando e controle não é eficiente e eficaz em ambientes ágeis. Um gerente de projetos que passa a atuar em ambientes ágeis precisa entender que a partir desse momento ele é um membro de uma equipe, e que as responsabilidades e os poderes precisam ser compartilhados entre os integrantes da equipe. Seu papel como GP é facilitar e atuar no ambiente, permitindo que a equipe se auto-organize e consiga, da melhor maneira que ela própria identificar, entregar seus trabalhos e ser mais produtiva ao longo do tempo. Mais do que nunca, um GP precisa ser um líder em um ambiente ágil, e, sendo um líder, precisa ser um líder servidor e facilitador, sendo coadjuvante e deixando que o time seja o protagonista.

Vitor Massari responde:
Na minha visão:

1. Disciplina irrestrita à *timebox*. Pois *waterfall* muitas vezes leva a ciladas comportamentais como Síndrome do Estudante e Lei de Parkinson, ambas abordadas de forma magistral no livro "A Corrente Crítica", de Goldratt.
2. Desapego à busca da "vaca sagrada" chamada escopo fechado, pois o escopo certamente irá mudar.
3. Descentralização da gestão do projeto.
4. Renegar o *feeling* da sua vida, expresso em percentuais de cronograma baseado em *feelings*, e entender a parte estatística que os métodos ágeis facilitam, ajudando a ter previsibilidade em cima de escopo imprevisível e a identificar e a tratar

a variabilidade gerada por pessoas, processos e produto. Esqueça o ágil infantil e estúpido pregado muitas vezes através de frases bobinhas como "projeto ágil não tem prazo porque o importante é agregar valor".

* * *

14) Todo processo que envolve mudança normalmente assusta as pessoas, que não gostam de sair de sua zona de conforto e enfrentar as incertezas da mudança. Nosso cérebro não está programado para muitas mudanças. Uma vez que um dos grandes atrativos dos métodos ágeis é que a mudança faz parte do projeto, como dar os primeiros passos para mudar a forma de gerenciar projetos na cabeça das pessoas, inclusive equipe e cliente, e fazer com que uma abordagem mais colaborativa e ágil seja aceita pelas organizações?

Fábio Cruz responde:
Toda mudança gera resistência, mas é preciso realizá-la e muitas vezes ela precisará ser iniciada sem o total apoio, comprometimento e crença de todos os envolvidos. Por isso, alguns passos são necessários, combinando com persistência e dar tempo ao tempo. O primeiro passo é começar com os mais crentes ou patrocinadores da ideia da mudança. A partir deles, promover conscientização, capacitação e aplicação das mudanças em projetos, produtos, áreas ou times piloto, de modo a colocar em prática as novas propostas e fundamentalmente obter resultados para mostrar aos menos crentes e engajados. A mudança não pode ficar apenas na esfera da filosofia e do tal falado *mindset*; é preciso ter resultados práticos, através de números que podem ser de mais vendas, mais satisfação do cliente, mais receita, mais de um algum indicador importante para a sua empresa, ou de menos erros ou falhas, menos retrabalho, menos desperdício, menos tempo para atingir objetivos e entregar produtos, menos de

um algum indicador importante para a sua empresa. Ao obter esses números, mostre-os e dissemine-os nas demais áreas da organização e selecione as próximas áreas, projetos, produtos ou times para serem os próximos a implementar as mudanças. A cada novo time ou projeto incorporado, novos resultados são obtidos e com isso será possível avançar, em alguns casos, para toda a organização. Haverá sempre três tipos de indivíduos: os patrocinadores, que compram e encaram a mudança como *early adopters*, os céticos ou resistentes, que precisam ver para crer e esperam que os resultados venham para depois entrar com tudo na mudança, e os sabotadores e incrédulos, que geralmente não vão comprar a ideia nem mesmo quando os resultados começarem a aparecer. Muitos destes acabam por sair da empresa em vez de acompanhar o movimento.

Vitor Massari responde:
Simplesmente começando, medindo os resultados e comparando com os resultados anteriores. Mas é importante medir – e quando digo isso estou me referenciando a questões como:

1. % de diminuição de retrabalhos
2. Entrega *versus* benefícios gerados
3. % de desvios de prazo/custo *versus* benefícios gerados

Sem essas informações teremos uma gestão de mudanças em um campo muito filosófico e muitas vezes difícil de se sustentar na linha do tempo.

* * *

15) Considerando a criticidade da formação e prontidão dos membros de um time ágil, seja em metodologias, novas tecnologias ou sobre o negócio em que estão envolvidos, bem como as iniciativas de desenvolvimento conduzidas, pergunto: como

assegurar que os integrantes consigam transferir o que aprenderam nas formações para o espaço de trabalho? E para os resultados?

Fábio Cruz responde:
Ao meu ver, a melhor maneira de gerar, manter e disseminar conhecimento em ambientes ágeis ainda são as pessoas. Por isso, o primeiro movimento é buscar manter os times dedicados pelo maior tempo possível em seus projetos, especialmente quando os projetos forem de desenvolvimento de produtos, onde o conhecimento inerente é mais relevante ainda. Segundo, é trabalhar para evitar o *turnover* ou a rotatividade de pessoas, pois cada um que sai leva conhecimento consigo, gerando desperdícios de aprendizagem, e cada um que entra terá uma curva de aprendizagem, gerando desperdício de produtividade. Com isso, dentro das equipes, o conhecimento se mantém e é propagado pelos próprios integrantes que formam a base desse time. Já para que esse conhecimento alcance outros times e áreas da empresa, a sugestão são os comitês de melhoria contínua, os grupos de troca de experiências relacionados a especialidades e papéis relacionados, também conhecidos como comunidades de práticas, que possam entre si periodicamente trocar boas práticas, experiências e lições aprendidas. As ferramentas e os documentos contribuem para o armazenamento de conhecimento, mas não são tão eficazes na disseminação deste mesmo conhecimento. Eles apoiam, mas não fazem o trabalho sozinho, principalmente em ambientes complexos, com muito aprendizado acontecendo todos os dias, onde é inviável gerar documentos e armazenar informações em sistemas na mesma velocidade em que elas ocorrem.

Vitor Massari responde:
Faz-se necessária a criação de Comitês de Transição, Comunidades de Prática ou Comunidades de Melhoria Contínua para que esse conhecimento seja propagado pela organização. Na minha visão, também é importante a participação do RH (RH raiz, não a antiga área de

Departamento de Pessoal com uma roupagem moderna atualmente existente em muitas organizações) nessa frente de disseminação de conhecimento, pois já deixou de ser apenas sobre uma "nova metodologia" de trabalho, e sim sobre um modo de comportamento organizacional.

* * *

16) Como as atuais práticas dos métodos ágeis colaboram para o desenvolvimento do *business agility* de uma organização?

Fábio Cruz responde:
Um dos maiores desafios do mercado atualmente é acompanhar as mudanças, incluindo influências da concorrência e expectativas de clientes. Este último em especial tende a acompanhar as mudanças ligadas ao negócio, que podem passar por evoluções e ajustes frequentes e constantes. O pensamento ágil, ou *mindset* ágil, é focado no valor "responder a mudanças mais que seguir um plano", o que nesse contexto significa estar preparado para mudanças que nem ao menos sabemos que irão acontecer, e muito menos quando, porém é preciso que a organização esteja preparada para as mudanças quando elas ocorrerem. Essa preparação na prática significa ter processos que permitam a rápida resposta a uma mudança, a análise de impacto, a pivotagem ou simplesmente um ajuste rápido para acompanhar a mudança conforme esta acontece. Uma organização precisa entender que se manter atualizada e antenada às mudanças de mercado, negócios, clientes, concorrência e até política e economia é fundamental para continuar existindo com uma boa saúde. E o que mais impacta isso atualmente é que não é mais possível planejar a longo prazo, pois não há estabilidade em todas essas variáveis citadas. É preciso cada vez mais se movimentar rápido frente às mudanças, que estão ocorrendo cada vez mais a curto prazo, de maneira imprevisível.

Vitor Massari responde:
O conceito de entregas iterativas e incrementais contribuem para o *business agility*, porém temos uma lacuna a ser preenchida aí. Como fazer o *business* pensar de forma ágil? Os métodos e práticas estão sendo bem empregados e disseminados, mas estamos deixando de falar sobre o nascimento de um produto, de boas estratégias de medição, sobre como coletar bons requisitos, como identificar objetivos e benefícios pretendidos. Parece que tudo se resumiu a "montar *backlogs* que agregam valor". Sugiro a leitura do meu livro escrito em parceria com André Vidal, "Gestão Ágil de Produtos com Agile Think Business Framework", publicado pela Brasport. Lá sugerimos um *framework* validado para ajudar no *business agility*, juntando técnicas ágeis e pensamento estratégico.

* * *

17) Quais são as principais expectativas que um GP espera, em termos de eficiência, quando adota uma metodologia ágil em seu projeto?

Fábio Cruz responde:
A primeira preocupação mais uma vez é a padronização: não existe apenas uma métrica ou indicador de performance, é preciso entender que, de acordo com o contexto de complexidade e tipo de projeto, produto ou iniciativa, podem ser utilizados métricas e indicadores distintos. Geralmente, por cobrança organizacional ou simplesmente por limitação de conhecimento e experiência, a maioria dos gerentes de projetos espera dos métodos ágeis maior velocidade nas entregas, o que vai ao encontro da eficiência. Com isso surge a segunda preocupação, a busca incansável apenas pela eficiência, que é uma palavra bonita, mas que muitas vezes é usada apenas para entregar mais rápido e fazer um monte de besteira o mais rápido possível e passar a batata quente para outro (área, time ou até mesmo cliente). Na

minha visão, um gerente de projetos em um ambiente ágil primeiro precisa entender se o ambiente realmente pede práticas ágeis analisando a complexidade inerente: quanto mais imprevisível, desconhecido e com resultado incerto, mais ágil. Nesse contexto, é preciso otimizar processos e restrições e eliminar desperdícios, tais como retrabalho, trabalhos que não geram valor, gargalos, falhas, erros e com isso ter um sistema organizacional mais otimizado, enxuto e ágil, que na prática significa menos desperdício.

Vitor Massari responde:
Eficiência = melhores processos = eliminação de desperdício = eliminar rasgação de dinheiro. Mas será que é só eficiência que o GP deve buscar? Você pode usar os melhores processos para construir as piores soluções. Temos que olhar também a eficácia, na minha visão medida pelo quanto de objetivo é atingido, quais os valores percebidos/benefícios tangíveis são atingidos por consequência dentro das restrições do meu sistema organizacional. A eficiência é medida pelo quanto sou capaz de otimizar as restrições do meu sistema organizacional. Logo, estabelecemos uma relação entre aumento de eficiência com aumento de eficácia.

* * *

18) Nos dias atuais a utilização do *Scrum* está sendo bem difundida e aceita. Nos cenários onde tínhamos gerentes de projetos, qual a principal diferença e dificuldade que um gerente de projetos teria em ser um *Scrum Master*? Isso no âmbito de um projeto de desenvolvimento de software.

Fábio Cruz responde:
Bom, primeiro eu gostaria de reforçar o ponto de que em um time ágil (ou *Scrum*) não existem hierarquias, então um *Scrum Master* não é mais ou melhor que nenhum outro papel e muito menos não é o chefe

do time. Desse modo, o gerente de projetos não necessariamente precisa assumir a função de *Scrum Master*, ele pode migrar para *Product Owner* e até mesmo para desenvolvedor se tiver *skill* para isso. A primeira observação deve ser a seguinte: o gerente de projetos é mais ligado a controle de atividades, cronograma, processo e gestão de pessoas, então ele está mais próximo do papel do *Scrum Master*, assumindo o papel de guardião de processo e passando a responsabilidade de controle de atividades ao próprio time. Já se o gerente de projetos é mais próximo da gestão do escopo, entende do negócio e do produto, ele pode migrar para o papel de *Product Owner* e assumir então a gestão do *backlog*, que, comparativamente ao *PMBOK® Guide*, seria toda a área de gerenciamento de escopo, trazendo também a responsabilidade do cronograma macro de entregas de produtos funcionais, que, no caso do Ágil, podemos chamar de *roadmap* de entrega. Em ambos os casos, a maior dificuldade é desapegar do poder e do comando e controle, e trabalhar como mais um membro de um time que tem responsabilidades como todos os outros. A gestão é colaborativa e coparticipativa, e o primeiro maior desafio é definir muito bem o que é responsabilidade de cada papel e os limites de atuação de cada um.

Vitor Massari responde:
Na minha visão:

1. Descentralizar o poder de gestão de projetos
2. Preocupar-se com aspectos mais estratégicos do projeto e menos operacionais
3. Desapegar-se da forma anterior de conduzir um cronograma baseado em percentuais inúteis de *feelings* e usar matemática e estatística para ajudar a ter previsibilidade em cima de problemas de natureza complexa, logo imprevisíveis
4. Atuar como um facilitador e líder de pessoas
5. Deixar de ser o "gestor" do projeto e ser o gestor do processo, garantir que as melhores práticas, as melhores ferramentas e os melhores ambientes estejam em uso

* * *

19) Em uma célula de especialistas (BI, arquitetura, infra, etc.) onde a empresa ainda não tem todos os recursos, o time não consegue entregar histórias de "valor para o cliente". O que fazer?

Fábio Cruz responde:
Bom, é claro que o ideal é sempre entregar produtos ou serviços que possam ser utilizados pelo cliente, mesmo que parcialmente, porque na essência se o cliente está usando um produto ou serviço, mesmo que parcialmente, é porque este é útil, resolve algum problema e pode ser considerado um valor. Porém, muitas vezes, principalmente no início dos trabalhos de desenvolvimento, é preciso reunir uma equipe, preparar ambientes ou até mesmo fazer as famosas "obras de esgoto", que o cliente não vê, mas que precisam existir para que o produto e o serviço principal sejam construídos ou sustentados. As equipes devem evitar fazer grandes trabalhos, longos ou focados apenas em "obras de esgoto" ou preparações de ambiente, infraestrutura ou arquiteturas, porque com isso o cliente ficará muito tempo sem ter produto ou serviço utilizável, e esse é o maior problema. A sugestão sempre será focar em produtos menores, MVPs e preparar o ambiente, arquitetura e infraestrutura para suportar apenas a parte mínima do produto e ir evoluindo conforme o próprio produto evolui. Quando isso não for possível, passe o mais rápido que puder por essa etapa de "não geração de valor" visível pelo cliente. Seja transparente e mostre o que está fazendo, mas tenha em mente que, por mais que a "obra de esgoto" seja importante, o cliente não a vê e por isso dificilmente dará o devido valor a esse trabalho. Foque o mais rápido possível no produto e mantenha sempre a evolução continuada ("mínima obra de esgoto" + "mínimo produto de valor").

Vitor Massari responde:
Primeiro precisa entender o que é esse tal de "valor entregue ao cliente". Muitas vezes temos o que eu chamo de valor intangível, ou seja, não é algo explícito ao cliente final, mas crucial para o bom desempenho da solução. Tomemos como exemplo uma arquitetura técnica que permite que um celular não esquente. Não é algo que "encanta o cliente", mas crucial para o bom funcionamento do produto. Agora, se mesmo assim não é possível termos uma entrega que faça sentido, é necessário diminuirmos a nossa restrição de quantidade de pessoas e recursos técnicos, pois caso contrário teremos impacto nos objetivos e benefícios pretendidos pela solução.

* * *

20) Em empresas matriciais em que o gerente de projetos tem que negociar diretamente com gerentes funcionais para alocar tempo dos colaboradores no projeto, como incentivar e cultivar métodos ágeis na equipe, uma vez que as prioridades do projeto podem ser sobrepostas a qualquer momento por uma demanda do seu chefe direto?

Fábio Cruz responde:
Este é o clássico problema de priorização aliado ao sistema de metas local mal definido e conflituoso. Quando para o gerente funcional o mais importante é entregar os trabalhos da sua área para que suas metas sejam atingidas, e para o gerente de projetos o mais importante é entregar o projeto para que suas metas sejam atingidas, temos o cenário de metas locais (gerente funcional com a sua meta individual da área e o gerente de projetos com a sua meta individual de entregar o projeto) que são contrárias, ou no mínimo não contribuem uma com a outra. Sendo assim, por que vou me esforçar ou ceder uma pessoa para uma meta que não é a minha (ou da minha área)? Para que esse cenário comece a funcionar, o gerente funcional

e o gerente de projetos precisam ter metas comuns e compartilhar da mesma priorização, caso contrário esses problemas continuarão a existir sempre. O caminho é só um: mexer no sistema de metas, para que haja metas únicas e compartilhadas entre as áreas de negócio e de projetos, e que a priorização do que será trabalhado também seja a mesma entre as áreas. O que é importante para um também deve ser importante para o outro.

Vitor Massari responde:
Uma frase marcante que li no livro "A Meta", de Goldratt, e que pauta muitas coisas das abordagens que utilizo é: "diga-me como me medes e te direi como trabalho". Em qualquer projeto, seja abordagem ágil ou não, quando estamos diante de estruturas matriciais, temos o desafio do engajamento do profissional de acordo com a forma como ele é medido. Se ele for medido por desempenho funcional, o projeto sempre estará em risco. A partir do momento em que objetivos do projeto começam a fazer parte da meta deste profissional, a situação começa a mudar para melhor. O sistema de metas compartilhadas foi o grande motivador do movimento de *Squads* (termo *gourmet* com o qual não simpatizo muito), também conhecido como Torres de Produto (nome que prefiro). A estrutura das equipes de trabalho deixa de ser funcional e passa a ser composta pelos *skills* necessários para a construção, suporte e evolução de um determinado produto, e todas as metas passam a estar associadas ao desempenho da solução e não mais a desempenhos funcionais.

* * *

21) Como controlar os riscos dos projetos e os custos oriundos desse controle em métodos ágeis?

Fábio Cruz responde:
Riscos são riscos e devem ser gerenciados sempre, incluindo os custos inerentes a eles quando for o caso. Gerir riscos ou não não muda em abordagens ágeis; no máximo o que poderá mudar são algumas práticas, como a identificação, o controle e as respostas colaborativas e com artefatos de gestão à vista, apenas com o objetivo de facilitar e acelerar essa gestão. Ainda em relação às práticas, todos os integrantes do time podem ser responsáveis por identificar, controlar e responder a riscos, tirando proveito de cerimônias do *Scrum*, tais como a *Daily Scrum*, que permite identificar e disparar respostas quando necessário. Outro ponto interessante é utilizar a própria *Sprint* como período de controle de riscos, avaliando os impactos e a probabilidade dos riscos por *Sprint*, planejando respostas e custos de cada risco por *Sprint*, e inspecionar qual a situação dos riscos ao final da *Sprint*.

Vitor Massari responde:
Da mesma forma como se controlam riscos e custos em qualquer outro projeto. Não existem técnicas ágeis de risco ou técnicas ágeis de custos. Riscos devem ser: 1) identificados; 2) analisados quali e quantitativamente; 3) deve ser planejada uma resposta ao risco; 4) a resposta deve ser implementada; 5) o risco deve ser monitorado. Dentro dos métodos ágeis podemos fazer essas análises ao final ou ao início de cada iteração/*Sprint*. Sobre custos, mais tranquilo ainda, pois o custo tende a ter um comportamento linear no decorrer de cada *Sprint*/iteração. Logo, podemos usar a técnica de Gerenciamento de Valor Agregado, onde:

- ✓ Valor Planejado = Orçamento do Projeto * *Sprints* Concluídas / Total de *Sprints*
- ✓ Valor Agregado = Orçamento do Projeto * Esforço Concluído / Esforço Total

✓ Variação de Desempenho de Custos = Valor Agregado – Custo Atual
✓ Índice de Desempenho de Custos = Valor Agregado / Custo Atual
✓ Orçamento Previsto ao Final = Orçamento do Projeto / Índice de Desempenho de Custos

* * *

22) No cenário atual as equipes estão focadas em entregas de valor ao produto no formato de *Sprint* seguida de *Sprint*. Qual o momento ideal para realizar atividades técnicas para o projeto? Seja uma restruturação, uma evolução de linguagem ou versão de um *framework*. E como fica se essas atividades começam a gerar riscos ou passam a comprometer as próximas entregas do projeto caso não forem executadas?

Fábio Cruz responde:
O ideal é que não se divida o trabalho em etapas como estruturação, desenvolvimento e testes, mas, sim, em incremento de produtos, e que todo o trabalho para um incremento seja feito dentro de uma *Sprint*, desde a estrutura, arquitetura, desenvolvimento e testes. Quando se fala de reestruturação, evolução de linguagem ou tecnologia, temos o conceito de refatoração, que é necessário ser realizado sempre, e os times precisam dedicar um percentual do seu trabalho em todas as *Sprints* para a refatoração de seu produto. Pense no seu produto como um carro que você precisa levar periodicamente para a revisão, ou para a oficina, quando ocorre um pequeno problema ou alguma troca precisa ser feita (freios, por exemplo). Caso você não faça revisão periódica ou não troque o freio quando necessário, o seu carro poderá deixá-lo na mão em um determinado momento, e os custos com o conserto poderão ser muito maiores devido a uma deterioração maior do automóvel, ou até mesmo levá-lo a um acidente

grave, que custará muito mais do que um dia parado na oficina. Não dedicar um tempo para refatorar o seu produto e só priorizar novos desenvolvimentos é praticamente o mesmo que decretar a morte do seu produto a médio ou longo prazo, além de significar que a sua empresa não sabe trabalhar com ciclo de vida de produto, porque o custo que você tem, ou terá, de retrabalho (correções/problemas) será maior a cada período avançado.

Vitor Massari responde:
Eu partiria para uma linha mais conservadora e trataria os pontos expostos como um projeto à parte e congelaria toda e qualquer evolução nos produtos em andamento.

* * *

23) Muitas empresas justificam a não adoção do *Scrum* com justificativas como: "não funciona na minha empresa" ou "a teoria é boa, mas na prática e no dia a dia não funciona". Realmente eles têm razão, *Scrum* não é para qualquer empresa? Quais são os requisitos para que a empreitada tenha sucesso? Quais são as principais resistências e como superá-las?

Fábio Cruz responde:
Bom, a primeira reflexão é que qualquer mudança gera resistência e sempre haverá pontos de desconforto e barreiras para mudar métodos, práticas, processos e influenciar na mudança cultural de uma organização. Sabendo da existência dessa possível resistência, podemos partir para a parte 2 e afirmar que realmente o Ágil como processo e método não serve para qualquer empresa. Antes de pensar em Ágil ou não Ágil, é fundamental analisar o atual contexto em que a empresa se encontra. O mesmo também pode ser aplicado a projetos, áreas, negócios e equipes. A pergunta deve ser a seguinte: o ambiente que está sendo analisado é totalmente ou parcialmente

previsível, com resultados conhecidos e esperados por todos os envolvidos? Se a resposta for sim, é possível utilizar processos e práticas preditivas sem ter maiores problemas. No entanto, se a resposta for não, e ao analisar os detalhes observar que o ambiente da empresa é imprevisível, com muitas variáveis desconhecidas e com resultados que não podem ser planejados e esperados corretamente, então a aplicação de processos, métodos e práticas ágeis cairá como uma luva e possibilitará muitos ganhos. Essa imprevisibilidade está profundamente ligada a produtos complexos e ambientes de alta complexidade, ou seja, onde muita informação é desconhecida e os planejamentos precisam ser curtos, frequentes e constantes, permitindo que a empresa inspecione e mude seu rumo e maneira de trabalhar com a mesma frequência e constância. Para finalizar, é importante reforçar que nem o Ágil e nem nenhuma outra abordagem, prática, método ou "fórmula" funciona para todos os casos. Esta é uma falácia que precisa ser quebrada, não existe "fórmula mágica" ou "receita de bolo" pronta para tudo, nem relacionada a abordagens ágeis e nem preditivas ou não ágeis. É fundamental entender os ambientes, as complexidades e as reais necessidades que precisam ser atendidas. Não devemos aplicar métodos ágeis por aplicar, é preciso antes entender quais são os problemas reais que precisam ser resolvidos e quais as melhores abordagens para resolvê-los.

Vitor Massari responde:
Não, não é para qualquer empresa. Primeiramente, temos que entender a complexidade das soluções que a empresa desenvolve. Em uma empresa de contabilidade, talvez não faça muito sentido. Em uma agência de marketing, talvez faça muito mais sentido. Este é um primeiro ponto. O segundo ponto está relacionado à visibilidade e transparência que o método traz. Organizações que gostam de empurrar seus problemas para debaixo do tapete sofrem muito quando resolvem adotar abordagens ágeis justamente por serem reveladas algumas restrições organizacionais que não poderiam ser

reveladas, seja por jogos políticos, conflitos de interesses e afins. Nesses casos, teremos resistências se materializando de quatro formas diferentes:

- ✓ **Céticos** – Aqueles que não acreditam, porém nunca tiveram uma experiência prática
- ✓ **Seguidores do processo** – Aqueles que até acreditam, mas no momento de crise voltam para o *modus operandi* anterior
- ✓ **Apegados ao processo** – Aqueles que até acreditam, mas possuem receio de perder poder e influência
- ✓ **Sabotadores** – Aqueles que não acreditam porque tiveram experiências ruins e são pessoas influenciadoras e/ou tomadoras de decisão.

Para cada uma dessas formas, temos abordagens diferentes para tentar minimizar e neutralizar essas resistências. Para maiores detalhes, leia meu livro "Agile Scrum Master no Gerenciamento Avançado de Projetos", da Brasport, atualmente em sua segunda edição.

Parte VIII – *DevOps*

24) Como integrar a governança de TI junto a um *framework* de desenvolvimento ágil? Ela deve orquestrar as metodologias (*DevOps*)?

Fábio Cruz responde:
Para mim, a governança pode ser um agente de mudança organizacional e com isso ser uma grande influenciadora de práticas, integração de equipes e trabalhos, melhoria contínua e fundamentalmente da estratégia e da visão sistêmica. Eu enxergo a governança violentamente conectada com centros de excelência e com escritórios de gerenciamento de projetos (PMO), ou, pelo menos, deveria ser. Desse modo, a governança atua principalmente na estratégia e na disseminação dos objetivos estratégicos, conectando-os com projetos e iniciativas que estão sendo executados, e também das restrições organizacionais que possam impactar os trabalhos dos times. Quanto maior ou mais complexa for a organização, maior sentido de a governança atuar como conectora entre estratégia e execução, disseminadora de boas práticas e agente de mudança. No caso do Ágil, a governança que pode ser representada por um centro de excelência e até mesmo um PMO (Ver meu livro "PMO Ágil"), disseminando práticas ágeis, contribuindo para a integração de trabalhos e promovendo times multidisciplinares e dedicados por produtos ou serviços mais do que por projetos, incluindo *DevOps*.

Vitor Massari responde:
Eu vejo que ela pode atuar como um Centro de Excelência de Melhoria Contínua, atuando com mentoria de *framework* nas equipes, ajudando a eliminar restrições de recursos tecnológicos como ferramentas inadequadas ou desatualizadas, disseminando boas práticas para toda a TI e investindo na criação de um ambiente *DevOps*.

* * *

25) Como é a integração da metodologia ágil com *DevOps*?

Fábio Cruz responde:
Em resumo, tudo deveria acontecer dentro de uma mesma *Sprint*, ou seja, planejamento de uma parte do produto, desenvolvimento, etapas de testes, preparação de ambiente, infraestrutura e liberação em produção para o uso do cliente. Eu sei que é fácil falar, especialmente quando trabalhamos com sistemas legados e com arquitetura ultrapassada, mas o que defende o Ágil e o *DevOps* é começar um desenvolvimento no início da *Sprint* e liberá-lo em produção no máximo ao final da *Sprint*, e a Definição de Pronto (DoD) deve englobar todos os trabalhos de análise, infraestrutura, arquitetura, testes, integração, *deploy*, produção e liberação para o cliente, sendo que a página 1 é ter muito trabalho manual sendo realizado por pessoas nessas etapas e a página 2 é ter o máximo de trabalhos automatizados nessas etapas, para evitar falhas e aumentar a velocidade.

Vitor Massari responde:
Casa como queijo e goiabada, pois as *Sprints* começam a funcionar como fluxos contínuos de desenvolvimento de software. Ao final de cada *Sprint* teremos um incremento de produto disponibilizado em ambiente produtivo de forma automática, com testes, *build* e integração realizados com o mínimo de intervenção humana.

Parte IX – Em busca da "vaca sagrada"

26) É saudável utilizar praticas ágeis em projetos de escopo fechado?

Fábio Cruz responde:
É sempre saudável utilizar práticas ágeis originadas por pensamentos ágeis direcionados à eliminação de desperdício, com foco na satisfação do cliente, em períodos mais curtos possíveis para obtenção de *feedback* de cliente e validação de hipótese de produtos ou serviços terem valor para os seus clientes, além, é claro, de melhoria contínua cadenciada e com ritmos constantes. Caso esses itens não forem considerados como positivos, com certeza os projetos e suas entregas terão problemas independentemente da prática ou método utilizado. Um item eu deixei de fora, que tem a ver com escopo fechado ou flexível, que é a resposta rápida a mudanças. Esse pensamento gera práticas e processos enxutos que permitem uma velocidade maior na análise de impactos e decisão por aceitar e aplicar uma mudança ou não, independentemente de ser em escopo ou outra variável. O fato de se trabalhar com escopo fechado ou flexível é inerente à complexidade do ambiente em que o projeto ou desenvolvimento de produto ou serviço se enquadra. Em ambientes complexos há muita imprevisibilidade, variabilidade, resultados incertos e riscos desconhecidos, por isso é inevitável trabalhar com escopo flexível devido à alta imprevisibilidade existente, e tentar ter um escopo fechado só irá gerar mais problemas e riscos ainda. Já se o ambiente é óbvio ou complicado e a previsibilidade é alta, as mudanças controladas, o conhecimento do resultado do produto ou serviço é altamente conhecido, é possível trabalhar com escopo fechado, pelo menos na teoria. Digo "na teoria" porque atualmente temos inúmeras outras mudanças que ocorrem de maneira imprevisível que não diretamente em escopo, mas que o afetam, tais como concorrência, mercado, inovação, política, economia e a expectativa das próprias pessoas. Então, como trabalhar com gestão preditiva do início ao fim, considerando que mudanças não ocorrerão e que o meu escopo continuará fechado por todo um projeto? Você pode

dizer que não é isso e que você fará uma gestão de mudanças para ajustar as alterações de escopo quando estas ocorrerem. Isso é ótimo, porém, se você for para o lado de fazer uma gestão de mudanças lenta, burocrática, demorada e com um processo engessado, pesado e nada fluido, você terá problemas sempre e em qualquer ambiente. Então responder rapidamente a mudanças é inevitável no mundo de hoje. Não tem como não questionar a prática de escopo fechado em um mundo tão dinâmico, flexível e imprevisível como o que vivemos.

Vitor Massari responde:
Começo propondo uma reflexão: é saudável trabalhar com escopo fechado em problemas de natureza complexa? Como garantir que não há possibilidade de mudanças? Como garantir que elas não ocorrerão? Mas se essa é a sua realidade do momento, minha resposta é: sim, é saudável, pois trabalhar de forma incremental e iterativa permitirá identificar mudanças e desvios de forma mais rápida e facilitará uma gestão de mudanças mais eficaz, visando atingir o objetivo e os benefícios esperados com a entrega do produto do projeto.

Parte X – Escala

27) Quais são as recomendações de métodos ágeis para gerenciamento de programas e projetos com vários times?

Fábio Cruz responde:
Bom, a primeira prática é minimizar as dependências entre os times, e isso passa inclusive por avaliar se realmente você tem programas, portfólios e grandes projetos de fato com times interdependentes e conectados através de entregas, trabalhos ou compartilhamento de pessoas, investimentos e recursos. Caso a necessidade de manter a estrutura de programas, portfólios e grandes projetos seja concreta, mantenha-a; mas foque na mesma prática de minimizar as dependências, buscando pelo menos o seguinte:

- ✓ Evite o compartilhamento de pessoas entre projetos e times distintos, o foco e a baixa multitarefa diminuem falhas e aumentam a produtividade.
- ✓ Evite separar trabalhar com dependência em mais de um time, busque concentrar trabalhar com alta ou muita dependência em uma mesma equipe.
- ✓ Quando os trabalhos dependentes forem inevitavelmente para mais de um time, priorize o trabalho primeiro nesses itens com dependência e só depois trabalhe nos itens independentes.
- ✓ Quando o compartilhamento de pessoas ou recursos for inevitável, priorize os trabalhos nos itens dependentes e só depois trabalhe nos itens independentes.

Essas e outras práticas podem ser encontradas em *frameworks* de ágil em escala, tais como *Scrum of Scrums*, *Nexus*, *LeSS*, *Scrum@Scale* e *SAFe*, mas não se esqueça: procure minimizar as dependências entre os times no que se refere a produto, serviço e escopo a ser trabalhado. Ao fazer isso, a complexidade de trabalhar com múltiplos times diminui consideravelmente, podendo chegar em alguns casos à não necessidade de escalar.

Vitor Massari responde:
Entender mais sobre os modelos em escala. Atualmente existem vários no mercado, como: SAFe, *Nexus*, LeSS, *Scrum@Scale*, DAD. Todos têm seus prós e contras, mas há dois pontos importantes ao se pensar em trabalhar com modelos em escala: 1) faça o ágil "arroz-com-feijão", um time para um projeto, funcionar adequadamente para depois pensar em escalar; 2) na formação das equipes, busque minimizar ao máximo as dependências entre as equipes do programa, mesmo que isso implique em mudar a estrutura de montagem das equipes ou até mesmo a arquitetura da solução.

Parte XI – Híbrido

28) O modelo híbrido não mostra uma falta de maturidade ou a não completude da transição entre um modelo utilizado e o modelo que se deseja utilizar?

Fábio Cruz responde:
Não vejo dessa maneira, mesmo porque uma maturidade alta ou baixa pode ser vista e presente em qualquer modelo. Usar um modelo X ou Y não representa por si só maturidade alta ou baixa. Abordagens baseadas em modelos híbridos, ou processos que suportam abordagens de origem ágil ou tradicionais, podem ser utilizadas por razões diferentes. Como exemplo, é uma opção das equipes de trabalho, por questão de necessidade, utilizar um processo ágil de trabalho, como o *Scrum*, e ter além do *Scrum* outros papéis complementares que não são prescritos pelo Guia do *Scrum*, como, por exemplo, o gerente de projetos, por uma questão de distribuição de responsabilidades. *Scrum Master* cuida do processo e do desenvolvimento do desempenho do Time *Scrum*; *Product Owner* cuida do gerenciamento do escopo do produto (ou *backlog*, como dito no Ágil); o Time de Desenvolvimento cuida da sua própria auto-organização e da transformação do *backlog* em produto, que passa por gerenciar o próprio trabalho do dia a dia, atividades, quem é o responsável pelas atividades; e o gerente de projetos cuida, por exemplo, do desempenho da organização ou projeto que pode vir a existir além dos trabalhos do Time *Scrum*, como fornecedores, parceiros, contratos, aquisições, decisões estratégicas de investimento ou priorizações de investimento organizacional, relacionamentos com outros *stakeholders* que não estão diretamente interessados no desenvolvimento do produto que o Time *Scrum* entrega, mas no resultado da organização, que pode possuir outros serviços e trabalhos operacionais. Nesse exemplo, não podemos dizer que há imaturidade do modelo. Então é possível aplicar modelos híbridos para combinar práticas e inclusive para ter mais maturidade, porém também é possível utilizar modelos híbridos como abordagens intermediárias para realizar uma transição de modelos tradicionais para modelos ágeis. No entanto, não vejo

essa situação como um caso de baixa maturidade, mas é possível, sim, que ainda não se tenha um modelo completo. Eu diria inclusive que é imaturidade acreditar que utilizar Ágil é mais maduro do que não utilizar. Temos que olhar para outros aspectos, temos indicadores, temos métricas, quais são os resultados organizacionais atuais e quais os resultados esperados, qual a evolução do que está sendo feito. Com isso em mãos, podemos falar de maturidade, só por ser ágil não. Por outro lado, o que é um modelo completo ou completude de um modelo? Será que temos isso atualmente com as mudanças e a instabilidade dos negócios e organizações? Maturidade é ter um modelo completo em X ou Y ou é ter um modelo flexível o bastante para se adaptar a X ou Y conforme a necessidade e conseguir ter resultados organizacionais melhores do que ontem? >:). Recomendo inclusive a leitura do livro "Scrum e PMBOK unidos no gerenciamento de projetos".

Vitor Massari responde:
Corremos esse risco sim. A palavra "híbrido" tem sido muitas vezes usada como desculpa para combinar técnicas na "marra". Eu vejo o modelo híbrido de duas formas:

1. Para problemas de natureza complicada, ou seja, com mais variáveis preditivas do que incertas/complexas. Ex.: engenharia, telecom.
2. Para meio de transição de grandes empresas que lidam com problemas de natureza complexa/incerta na maior parte do seu tempo, mas somente como um estado temporário.

Agora tem muito "híbrido" sendo usando com base em *feeling* e falácias como: "o importante é usar a caixinha de ferramentas", "o importante é usar a melhor das melhores práticas".

* * *

29) Quais os principais desafios e cuidados na hora de implementar modelos híbridos ou metodologias ágeis em uma organização?

Fábio Cruz responde:
O principal cuidado que se deve ter é fingir que está mudando algo e simplesmente encaixar tudo que se tinha no que se quer ter e dizer que é um modelo ágil. Mudar não é procurar um *framework* milagroso que prevê todas os processos, papéis e responsabilidades que uma empresa possui e simplesmente encaixar tudo no "novo *framework*" e sair dizendo que usa um modelo híbrido. Mudar é analisar dores, perdas, gargalos, expectativas, objetivos, benefícios esperados, restrições e propor um novo modelo de trabalho que atua na otimização das restrições, na eliminação de dores e no melhor atingimento de resultados e objetivos. O maior erro que muitos profissionais e empresas estão cometendo é dar nomes diferentes para o que já é feito, não mudar nada profundo e apenas trocar a camiseta de todo mundo e colocar uma visão nova e bonita na parede. O maior risco é se enganar e enganar todos ao redor com frases de efeito, termos da moda e manter tudo que era feito da mesma maneira.

Vitor Massari responde:
Todos os cuidados existentes em qualquer processo de gestão de mudanças:

1. Analisar quais os elementos motivadores para justificar a adoção de um novo método de trabalho
2. Quais os objetivos pretendidos com a adoção do novo método de trabalho
3. Quais as ações necessárias para a adoção do novo método de trabalho
4. Elencar potenciais oportunidades e ameaças
5. Mapear potenciais resistências
6. Começar pequeno com uma área ou um projeto piloto

7. Evitar abordagens estúpidas como "tombar ágil" ou "escalar ágil"
8. Evitar simplesmente "plugar" métodos e *frameworks* de prateleira como *Scrum*, *Kanban*, SAFe, "Modelo Spotify" sem realmente entender a natureza dos problemas a serem resolvidos

* * *

30) Quando combinamos práticas de gestão ágeis e tradicionais para criar um modelo de gestão "híbrido", existem indicadores que comprovem que a combinação por processos pode ou não estar sendo efetiva?

Fábio Cruz responde:
Acredito que a métrica que deve ser utilizada em qualquer ambiente, com qualquer prática, metodologia ou ferramenta, seja o resultado que está sendo gerado para o negócio, envolvendo organização fornecedora e cliente. Qualquer outra métrica é secundária e deve servir para ajudar a entender se os resultados de negócio estão sendo atingidos. Na minha visão, o indicador não deve medir se a combinação de práticas e se um modelo híbrido está funcionando, mas se os resultados estão melhorando. Quando os resultados estão melhorando através de indicadores claros e objetivos, as práticas se justificam automaticamente, e o contrário também é verdade, obrigando que o modelo seja revisto constantemente. Exatamente por isso que se medem os resultados, porque especialmente em ambientes ágeis e híbridos as mudanças são constantes e os modelos precisam ser inspecionados e adaptados constantemente também. Então, não há indicadores de mercado para medir a eficiência e eficácia da combinação de modelos, é preciso entender quais indicadores medem o resultado do seu negócio e se basear neles.

Vitor Massari responde:
Penso que três aspectos devam ser avaliados: 1) o quanto de resultado a abordagem está gerando; 2) o quanto de desperdício está sendo gerado ou minimizado; 3) o quanto as pessoas estão satisfeitas com esse novo método de trabalho. Mas só tome cuidado para essa combinação não gerar liberdades poéticas. Exemplos: *Scrum* sem retrospectiva, *Kanban* sem métrica, XP sem automação de testes, escopo fechado e *change request* para problema complexo.

* * *

31) Em projetos mais complexos, por exemplo, a construção de uma plataforma de petróleo, submarino ou um hotel, onde há vários entregáveis, como utilizar o PM *Canvas* + *Scrum* + PMBOK?

Fábio Cruz responde:
Bom, a primeira pergunta que eu faria é: quais são os problemas existentes na construção de submarinos, plataformas de petróleo ou hotéis? No caso de submarinos, estamos falando de uma linha de produção continuada ou de inovação e criação de um novo submarino nunca antes feito? No caso de hotel e plataforma de petróleo, são projetos conhecidos e dominados, com seus riscos conhecidos e que deixam os projetos complicados e com grande esforço de gestão para que tudo saia conforme esperado, ou também há grande carga de inovação? Caso todas as respostas estejam mais na primeira parte, modelos empíricos com iteração e incremento não são indicados, então usar *Scrum* para quê? Porque é moda? Caso tenha pitadas ou grande volume de inovações, descobertas e aprendizados, os conceitos de *Scrum* podem ser utilizados, especialmente a parte dos trabalhos iterativos e incrementais que geram aprendizagem e resposta rápida à mudança. Em qualquer cenário podemos utilizar o PM *Canvas* na etapa inicial, para entender os projetos em todas as suas variáveis de forma colaborativa, gerando mais conhecimento e

previsibilidade inicial. O *PMBOK® Guide* pode ser usado em todas as etapas onde for preciso gerenciar escopo, custo, aquisições, pessoas, riscos e todas as demais áreas prescritas pelo guia, sendo aplicações preditivas para as etapas altamente conhecidas e previsíveis (com muitos ou poucos riscos conhecidos), e práticas ágeis que não precisam se limitar ao *Scrum* para etapas desconhecidas e imprevisíveis (riscos e resultados desconhecidos), para promover aprendizado rápido. Caso for totalmente previsível e preditivo, com alta relação de causa e efeito e resultados conhecidos, fique na combinação de PM *Canvas* e *PMBOK® Guide* e esqueça o *Scrum*, que não trará grandes ganhos e só irá gerar confusão. Caso seja misto, ou seja, etapas altamente preditivas e outras imprevisíveis, use os conceitos de iteração e incremento do *Scrum* como apoio apenas nessas etapas. Estude o *framework Cynefin* para entender esses conceitos de imprevisibilidade e previsibilidade, e *Lean* para a parte de otimização de processos, que podem ser utilizados em qualquer abordagem. Qualquer outra coisa é furada.

Vitor Massari responde:
Primeiramente começo com uma reflexão: são complexos (incertos) ou complicados (conhecidos, mas com um grande esforço a ser empregado)? Na minha visão, se enquadram melhor na categoria de complicados, então vejo que podemos usar PM *Canvas* para uma visão bem inicial, utilizar preceitos de *Scrum* para trabalhar de forma iterativa e incremental rodando cerimônias de melhoria contínua, mas sem se preocupar com papéis (chega a soar infantil termos *Scrum Master* e *Product Owner* em um projeto de submarino). Sobre *PMBOK® Guide*, uma vez que ele diz sobre gerenciarmos escopo, tempo, custo, qualidade, recursos humanos, comunicações, riscos, aquisições e partes interessadas, creio que estamos o utilizando como base o tempo todo, independentemente do método de construção, não acha?

* * *

32) No que diz respeito à implantação de modelos híbridos, existe um padrão para a seleção das técnicas que irão compor o modelo? Ou é necessário realizar experimentações dentro do contexto organizacional para avaliar os resultados e definir qual o melhor conjunto de técnicas para aquele contexto?

Fábio Cruz responde:
Com certeza é necessário realizar experimentações sempre que se aplicam mudanças e melhorias em processos organizacionais, porém, antes de experimentar, é necessário entender qual o contexto organizacional. Há trabalhos repetitivos ou rotineiros? Há projetos conhecidos e previsíveis? Há desenvolvimento de novos produtos ou inovação? Há situações de crises repetidamente? Ou há uma combinação de tudo isso em momentos diferentes da organização ou de áreas ou de equipes? Os ambientes organizacionais são únicos, os trabalhos são únicos, as necessidades e expectativas de clientes, patrocinadores, *stakeholders* e usuários são únicas; então dificilmente será possível encontrar uma combinação certa, ideal e única para todos os casos.

Vitor Massari responde:
Primeiro, é necessário entender a natureza do problema: simples, complicado, complexo ou caótico. Depois identificar quantas variáveis preditivas (aquelas que conhecemos por antemão) temos e quantas variáveis empíricas (aquelas que só conseguiremos descobrir em tempo de execução). Após essa análise podemos determinar a combinação de modelos; porém, trata-se de empirismo e devemos revisar, em intervalos curtos, se estamos seguindo o melhor caminho e se adaptações no processo deverão ser feitas.

Parte XII – *Kanban*

33) Trabalho em projetos de *salesforce* (CRM em *cloud computing*), e como são entregas na maioria das vezes rápidas e de "tiro curto", já tentamos utilizar métodos ágeis e modelos híbridos para nos ajudar nas entregas, mas sempre enfrentamos problemas em seguir a metodologia à risca. Qual metodologia é a melhor a utilizar em projetos dessa natureza?

Fábio Cruz responde:
É claro que precisaríamos entender mais profundamente o cenário e entender o que é esse "tiro curto" e quais problemas existem que impactem essas entregas, porém, pela descrição, está com cheiro de *Kanban*, onde tudo que entra como demanda precisa ser puxado o mais rápido possível para ser trabalhado e entregue o mais rápido possível para seus clientes. O *Kanban* traz fortemente o conceito de fluxo contínuo, onde quanto menos impedimentos, bloqueios e paradas os itens de trabalho houver, maior será a vazão dos trabalhos, combinando eficiência (aumento da velocidade de entrada e saída de trabalho do fluxo) e eficácia (menos desperdícios e falhas que façam com que o produto volte no fluxo e precise ser retrabalhado). Essa combinação parece ser a ideal para o seu cenário, sendo que o próprio método *Kanban* permite o estudo do fluxo para otimizá-lo e aumentar a vazão, atentando para gargalos e limites de WIP (*Work in Progress*). Um complemento que você pode aplicar é o *Lean* VSM (*Value Stream Mapping*), para mapear o seu fluxo e entender o funcionamento da cadeia de valor, encontrando esperas e otimizando-as.

Vitor Massari responde:
Talvez tratar seu projeto como um grande fluxo contínuo será mais útil do que enquadrá-lo em alguma metodologia. Já pensou em usar o método *Kanban*? Mas falo do método *Kanban* criado pelo David Anderson, onde você mapeia e mede seu fluxo, elimina a variabilidade e começa a adquirir previsibilidade através de métodos estatísticos. Isso é diferente de quadrinhos mequetrefes cheios de *post-its* que o mercado está adotando e chamando de *Kanban*.

* * *

34) Como fazer gestão de demandas, com planejamento ágil, de manutenção de sistemas em *mainframe*?

Fábio Cruz responde:
Quando falamos de manutenção e sustentação de sistemas, o primeiro pensamento que vem remete ao uso de fluxo contínuo de trabalho, que pode ser traduzido pelo uso do método *Kanban*. Se esta fala vir acompanhada da palavra *mainframe*, o pensamento do fluxo contínuo se reforça ainda mais. No fluxo contínuo do método *Kanban* a ideia é otimizar o fluxo com melhoria contínua, através do estudo do fluxo para aumentar a eficiência, aumentando a velocidade com que as demandas entram e saem do fluxo, e a eficácia que representa a quantidade de desperdícios em produto que não é gerada, seja por falhas ou não geração de valor. Com isso, é possível entender os problemas que causam lentidão e impedem entregas em tempos menores, assim como tratamento desses problemas para melhorar a performance do fluxo e consequentemente das entregas de demandas aos clientes.

Vitor Massari responde:
Na minha visão, gestão de demandas funciona melhor quando tratada através de fluxo contínuo usando método *Kanban*. Ainda mais *mainframe*, que possui algumas particularidades técnicas, diferentes de sistemas e arquiteturas de sistemas de baixa plataforma.

Parte XIII – Lenda urbana

35) Com a saída de muitos nichos de projetos do modelo em cascata para o Ágil, é possível que futuramente deixaremos de usar uma linha de base para nossos projetos?

Fábio Cruz responde:
Depende do que é entendido como linha de base. No caso de abordagens ágeis que usam o conceito de *Sprint*, o *backlog* previsto para a *Sprint* passa a ser a linha de base a ser perseguida, e a entrega de um incremento de produto utilizável ao final da *Sprint* caracteriza uma linha de base de sucesso. Já as *Sprints* futuras podem ter a sua linha de base modificada ou ajustada de acordo com as *Sprints* anteriores concluídas e que geraram aprendizado contínuo e constante. Mudanças são bem-vindas em ambientes, produtos e iniciativas ágeis, então linhas de base longas não são recomendadas, pois mudanças ocorrerão e as linhas de base serão naturalmente alteradas. No entanto, fica a reflexão mais importante de todas: "o objetivo é cumprir uma linha de base previamente acordada ou entregar um produto ou serviço que resolva um problema importante de seu cliente e que traga benefícios para o negócio?".

Vitor Massari responde:
Qual a relação entre método ágil e falta de linha de base? Método ágil lida melhor com mudanças, mas o que em momento algum significa que não temos linha de base. A questão é entender o comportamento das mudanças da linha de base relacionadas à complexidade, incerteza e inovação do problema. Técnicas como gráfico *burndown*, análises estatísticas de velocidade da *Sprint* e também o bom e velho Gerenciamento de Valor Agregado (*Earned Value*) ajudam a ter controles e entender comportamentos e tendências. 'Bora eliminar os pré-conceitos sobre método ágil e falta de controle!

* * *

36) Trabalho com equipes remotas em projetos de implantação de software. A equipe de consultores trabalha com vários projetos, já pensei em várias vezes modificar a forma de planejamento tradicional para usar um método ágil, porém a principal dificuldade é passar ao cliente a data de entrega do produto, já que umas das etapas finais são os treinamentos com usuários e normalmente é pedido o planejamento com antecedência para que as agendas de todos os envolvidos sejam reservadas para essa atividade. Como eu poderia planejar por *Sprints* e passar datas ao cliente de projetos com meses de duração, nesse caso?

Fábio Cruz responde:
A pergunta que não quer calar é: "qual o problema que você tem que espera resolver aplicando práticas ou métodos ágeis?" Por que você quer planejar e entregar por *Sprints*? Caso a resposta for de que não há problemas a serem resolvidos e usar *Sprints* seria para estar na moda, não se mudam métodos ou prática por modismos. Esse é um dos caminhos do fracasso. Muda-se por necessidade de resolver problemas, otimizar restrições ou mitigar dores ou riscos. Então se a sua resposta para a primeira pergunta for que há problemas, então este é o seu argumento para usar *Sprints* e outras práticas, principalmente se o seu problema for o não atendimento a prazos atualmente. Então, como diz aquela frase originada por um pensamento de Albert Einstein: "não espere que fazendo novamente o que tem dado errado nas últimas tentativas, milagrosamente começará a dar certo desta vez". É preciso mudar a forma de trabalhar, e usar *Sprint* com planejamento macro e escopo flexível é um dos caminhos. Caso atualmente você não consiga acertar as previsões de prazo mesmo com planejamento detalhado, entenda que trabalhar com planejamento macro e previsões pode também dar errado, porém você não gastará tempo desnecessário no início do projeto e usará esse tempo durante o projeto para buscar errar e aprender o mais rápido possível para cumprir os prazos.

Vitor Massari responde:
Vamos por partes. Primeiro, se hoje você já consegue ter previsibilidade sobre a data de entrega para poder agendar a etapa de treinamentos, qual o motivo da mudança de método? Mudanças no decorrer do projeto? Se este for o caso, talvez uma abordagem híbrida. Ou você já sofre com a data hoje? Se este for o seu caso, a má notícia é que você nunca vai conseguir cravar a data, pois terá que trabalhar com faixas de intervalos de data. Para isso, continha de padaria: Total de Esforço / Esforço Médio por *Sprint* + Pulmão, onde o pulmão é determinado pelo nível de incerteza referente a: pessoas, processo e produto. O tamanho do pulmão é que determinará qual será o seu intervalo de data. Para mais detalhes, leia meu livro "Agile Scrum Master no Gerenciamento Avançado de Projetos", lançado pela Brasport, agora em sua segunda edição.

Parte XIV – Liberdades poéticas

37) Num ambiente ágil, com *Sprints* curtas de correção de *bugs*, como demonstrar a produtividade por indivíduo x hora trabalhada e com quais ferramentas?

Fábio Cruz responde:
Precisamos falar de sistemas complexos e não complexos para responder a esta pergunta. Um sistema não complexo, também conhecido como óbvio ou complicado, é aquele onde o produto a ser gerado é altamente conhecido, com pouquíssima variabilidade e muita previsibilidade, e é neste cenário que estimamos e controlamos trabalhos por hora/indivíduo. Exemplo nas indústrias convencionais: um indivíduo trabalhando 8 horas por dia produz 1.829 parafusos. Neste sistema óbvio eu consigo medir a produtividade com base nas horas e na produtividade e afirmar que um indivíduo que trabalhou 8 horas e produziu 1.000 parafusos tem uma baixa produtividade. Produtos, projetos e iniciativas neste cenário podem utilizar sem medo e de maneira confortável esse controle de hora/indivíduo, porém em sistemas complexos isso não é possível. Sistemas complexos são aqueles onde se tem pouca certeza sobre os resultados, muita variabilidade e pouca previsibilidade, e não adianta querer prever o imprevisível – este, por exemplo, é o caso de softwares e inovação. Nesses ambientes complexos medir e controlar que um indivíduo trabalhou 8 horas por dia pode não significar absolutamente nada. Geralmente nesses ambientes o trabalho não é simplesmente braçal, mas intelectual, criativo, inovador, experimental, e nesse caso controlar horas não levará a lugar nenhum. O objetivo aqui deve ser quantificado e qualificado em resultado que trouxe benefícios e melhoria. Dessa forma, uma maneira de medir produtividade é calcular quanto de trabalho novo foi produzido pelo time e quanto de retrabalho foi gerado em um período X (que pode ser uma *Sprint*), aliado à medição de velocidade de entrega de novos produtos aos clientes e ao nível de satisfação dos clientes com os produtos entregues. Esses indicadores trarão muito mais retorno para uma empresa do que medir a quantidade de horas de uma equipe.

Vitor Massari responde:
Primeiramente, cuidado com algumas liberdades poéticas. Se eu tenho que medir produtividade por indivíduo, então não é ágil. Hoje em dia o mercado simplesmente repete antigos comportamentos com uma roupagem nova apenas, chama de ciclo de *Sprint*, coloca um quadrinho mequetrefe na parede, chama de *Kanban* e diz que é ágil. Metas ágeis devem ser compartilhadas e não medidas por indivíduo. Agora, vamos combinar uma coisa: *Sprint* para corrigir *bug*? Que rasgação de dinheiro, hein? 'Bora fazer um projeto de correção de problemas ou *refactoring*?

* * *

38) Em algumas organizações tradicionais, o plano de projeto tem também o papel de formalizar a aprovação da estratégia de execução com a alta gerência. Num modelo híbrido *PMBOK® Guide* com *Scrum*, como poderia ser documentada essa estratégia antes da fase de execução?

Fábio Cruz responde:
Poderia ser documentada em um plano de projeto >:). Na verdade, não há problema em usar um documento X ou Y em abordagens ágeis, em lugar sério nenhum que se fale sobre ágil diz que não é para usar o documento X ou Y. O que se defende e está prescrito na teoria é não utilizar documentos abrangentes, inúteis, desnecessários e que ninguém usa para nada. A pergunta deve ser: o plano de projeto é eficiente e eficaz para a sua empresa? Se sim, não há por que não o utilizar. O que pode ser complementado é uma técnica de perguntas que eu criei e que uso muito e sugiro mais ainda. Pergunta para qualquer documento, incluindo este plano de projeto: "quem usa? Quando usa? Para que usa?". Se a resposta for sim para as três perguntas, e "sim" com segurança e confiança, o documento como um todo é útil e deve ser mantido, mas não pare ainda. Faça as mesmas três

perguntas para o conteúdo do documento, abra e vá conferindo cada bloco do documento e refazendo as perguntas. Cada vez que encontrar um "não" ou "não sei" ou um "sim" duvidoso, remova o trecho do documento ou reflita muito sobre essa remoção. Com essa prática você enxugará a quantidade de documentos, e enxugará também o tamanho dos documentos que sobrarem. Já para um plano de projeto, o conteúdo indispensável sempre será justificativa, objetivo, benefícios, variáveis que indicam viabilidade, restrições conhecidas, riscos conhecidos, algo muito próximo com o que o *Project Model Canvas* traz. E nesse caso ainda temos a abordagem colaborativa de confecção de artefatos, o que faz com que não seja criado um documento por um indivíduo, mas um artefato de gestão por uma equipe. A prática colaborativa unida às perguntas para enxugar os artefatos, para mim, são a combinação perfeita de "documentos ágeis".

Vitor Massari responde:
Plano de projeto é plano de projeto. Não tem essa de plano ágil ou híbrido de projeto. Eu vejo que o *Project Model Canvas* veio para eliminar os planos inúteis de projeto gerados muitas vezes com excesso de informação, informação desnecessária e muitas vezes com descrições pobres nas quatro partes mais importantes de qualquer projeto, na minha visão: justificativa, objetivo, benefícios/valor percebido e restrições organizacionais.

* * *

39) O modelo ágil é realmente uma mudança de paradigma em gestão de projetos e desenvolvimento de software ou é apenas uma adaptação de modelos existentes?

Fábio Cruz responde:
Um misto das duas coisas, sendo que sempre que me perguntam isso me gera um certo desânimo com a humanidade, porque alguns

perguntam isso para desmerecer ou diminuir o Ágil, e outros porque realmente sentem que parte do que o Ágil traz não é novo e sim modificado ou repaginado. Em ambos os casos temos problemas. Primeiro, realmente muito do que o Ágil traz hoje são boas práticas de gestão e trabalho em equipe de alta performance, ditas por vários pensadores, especialistas e profissionais de sucesso há um século, e a pergunta que eu me faço, e que muitas vezes repasso a quem fez a primeira pergunta, é: "sim, é bem antigo, então por que a maioria dos profissionais e das empresas não pratica? Por que vocês fracassam tanto se muita coisa já é amplamente conhecida por todos?". Uma das origens do Ágil é o *Lean*, que pode ser aplicado em qualquer área de atuação. Outras práticas são originadas na comunicação transparente, honesta, no trabalho em equipe, no trabalho colaborativo, no respeito, na confiança, na satisfação do cliente, e por que tanta gente não faz nada disso e fracassa o tempo inteiro, incluindo tarefas pequenas e cotidianas? Por outro lado, o Ágil traz, sim, muita coisa nova, incluindo práticas e métodos diferentes para trabalhar com problemas e produtos complexos, como o próprio conceito de iteração e incremento, que é uma mudança grande de paradigma e que muitos não conseguem aplicar, ou simplesmente dizem que não existe em suas realidades, parte por ter a mente fechada, parte por não estar maduro o suficiente para entender, parte porque realmente é algo novo que ainda não pode ser compreendido.

Vitor Massari responde:
Podemos dizer que é um misto das duas coisas. Os métodos ágeis beberam na fonte do *Lean* utilizando conceitos como fluxo contínuo, *takt time*, *Kaizen* e *Jidoka* com uma roupagem diferente. Mas podemos dizer que também é uma mudança de paradigma, pois várias pessoas dizem: "ah, mas isso já existia faz tempo", e as minhas respostas costumam ser: "se já existia, por que nunca usou?" ou "aponte seus cinco últimos projetos onde você realmente utilizou tudo isso que já existe há pelo menos 80 anos". Então, por mais que se trate de adaptações de conceitos conhecidos, na prática estes não eram

utilizados. Então méritos para os métodos ágeis, que trouxeram de volta à tona conceitos que já funcionam, foram validados e consagrados há pelo menos 80 anos.

* * *

40) Como ter um cronograma mais preciso no início do projeto para saber quantas *Sprints* teremos e assim definir uma data de finalização do projeto?

Fábio Cruz responde:
Este é sempre um desafio, em qualquer abordagem que se trabalhe. Primeiro precisamos analisar o sistema de complexidade em que estamos inseridos: se for um sistema ordenado e se encaixe no domínio óbvio ou complicado, o cronograma poderá ser montado com altíssima precisão no início, e nesse caso vale a pena investir em detalhamento e previsões micro para um melhor resultado. Em sistemas ordenados pode dar muito trabalho, mas é possível chegar em cronogramas muito bons e em resultados esperados. Já se estivermos falando de sistema e domínio complexo, o detalhamento no início não ajuda muito para ter cronogramas com boa previsão, justamente pela imprevisibilidade, desconhecimento e baixa relação de causa e efeito. Nestes ambientes o detalhamento máximo no início só resulta em uma coisa: "desperdício, dinheiro jogado fora e falhas enormes de cronograma por todo o projeto", que sempre gera a pergunta: "como que vocês não conseguem acertar um prazo sequer?". A resposta é fácil e chama-se imprevisibilidade, alto desconhecimento e incerteza com o resultado e *feedback* do cliente. Por isso a sugestão é montar cronogramas macro, com base em históricos e matemática, para projetar prazos de esforço, mas sem ter o esforço de detalhamento. Lembre-se que é impossível detalhar o desconhecido, e quando você tenta fazer isso irá supostamente adivinhar coisas, assumir premissas e tomar decisões sem informação suficiente, e essa

é a receita do fracasso iminente. Por isso, assuma que haverá falhas de previsão e que prazos menores e datas específicas no meio do desenvolvimento irão falhar muito, então o seu desafio é descobrir as variáveis desconhecidas e validar hipóteses o mais cedo possível, para que você ajuste os trabalhos, o escopo e os esforços conforme avança e mantenha prazos importantes macro, e não micro. Quanto mais histórico e projetos similares de desenvolvimento de produtos e serviço você já fez, mais fácil será prever o futuro – não com detalhamento do que precisa ser feito, mas com estimativa análoga do que já fez. Quanto menos, mais "chute" será, e você precisará usar o empirismo para começar a ser mais preciso, sabendo que nunca acertará na mosca, primeiro porque estimativa é estimativa e ambientes complexos são ambientes complexos.

Vitor Massari responde:
Definir uma data precisa parte de algumas premissas:

1. Que sua equipe se conhece há bastante tempo
2. Que possuem altíssimo domínio sobre o processo
3. Que possuem um altíssimo domínio sobre o produto
4. Que possivelmente são ciborgues ou milagres da genética, uma vez que terão produtividade estática e nenhuma variação de produtividade

Em outras palavras, é uma estúpida receita para o caos, independentemente de método. Vamos pensar em algo mais robusto e científico?

Usando matemática:
Quantidade de esforço / Esforço por *Sprint* = Total de *Sprints*

Usando conceito da Corrente Crítica de Goldratt:
Total de *Sprints* = Total de *Sprints* + Pulmão, onde o tamanho do pulmão pode ser determinado pela possível variabilidade existente

nos quesitos pessoas, processo e produto (para mais detalhes sobre o tamanho do pulmão, leia meu livro "Agile Scrum Master no Gerenciamento Avançado de Projetos", da Brasport, atualmente em sua segunda edição).

Usando estatística:
Medições de esforços concluídos por *Sprint*, podendo utilizar: média, mediana, moda, percentil, PERT e Análise de Monte Carlo para obter previsibilidade e refinar a estimativa inicial.

* * *

41) Como no Japão é possível reparar uma cratera em uma avenida em menos de uma semana e no Brasil nesse mesmo intervalo não conseguimos ao menos o projeto conceitual da reconstrução?

Fábio Cruz responde:
Esta é uma pergunta que vai além de projetos, métodos e práticas, é cultural e é histórica. O oriental busca a excelência em tudo que faz. O conceito de *Kaizen* significa melhorar sempre como pessoa, como indivíduo em uma sociedade e como sociedade, e o *Lean* é uma filosofia de vida onde a melhoria contínua e o conceito de enxugar estão presentes em tudo. Com isso, é cultural buscar fazer apenas uma vez algo para que não precise ser feito novamente, não ter falhas para não ter que arrumar e fazer o melhor que se pode em tudo que se faz. Já o brasileiro, com todo o respeito e amor que tenho pelo Brasil, é defensor do "jeitinho", de fazer na última hora, de levar vantagem e de que se fizer mais ou menos não tem problema, arrumamos depois, e, na verdade, qual o problema de estar mais ou menos? "Tá bom assim e não seja chato, seja esperto". Além disso, no exemplo citado, temos a corrupção, a lavagem de dinheiro, a politicagem, que existem em todos os lugares, inclusive no Japão, mas não acima de

fazer as coisas bem feitas. Lá há corrupção, mas o *Lean* e o *Kaizen* são aplicados, e a excelência técnica é uma premissa básica, então podemos entender que fazer bem feito e melhor é mais importante do que se corromper; já aqui a corrupção é mais importante do que fazer bem feito.

Para finalizar, a ideia de fazer mais ou menos passa pela lei do menor esforço e pela busca de um método pronto, de uma fórmula mágica e de uma receita de bolo, e me parece que o brasileiro quer tudo pronto pelos outros e só usar; já o japonês e outros povos como os norte-americanos preferem pensar e criar seus próprios meios de melhor atingir seus objetivos, mas isso leva a mais esforço, mais dedicação, mais estudo – e isso a maioria não quer.

Vitor Massari responde:
Simples: o Oriente bebe na filosofia do *Lean*. Para o povo oriental, eliminar desperdício é uma meta em todos os aspectos da vida. Já nós, brasileiros, temos cacoetes e comportamentos oriundos desde a colonização e enraizados principalmente no período imperial. O excesso de burocracia, o jeitinho brasileiro, a lei do mínimo esforço, aquele infame discurso requentado para justificar atos heroicos e comportamentos estúpidos como: "sou brasileiro com muito orgulho, com muito amor". E achamos que apenas métodos, ferramentas e *frameworks* vão resolver nossos problemas. Eu defendo cada vez mais o conceito de *Lean Management*, ou seja, enquanto nós e nossas organizações não pararem de rasgar dinheiro não será método ágil, não ágil, híbrido e não híbrido que irá resolver problemas. 'Bora eliminar a "burrocracia" e a rasgação de dinheiro!

* * *

42) Não é meio arriscado trabalhar sem a documentação detalhada dos meus requisitos?

Fábio Cruz responde:
Depende do ambiente em que o seu produto, projeto e iniciativa está. Se for um ambiente óbvio ou complicado, sim, será arriscado e a recomendação é que seja feita toda a documentação detalhada e que os processos sejam seguidos à risca, especialmente porque se tudo é certo e garantido, os documentos terão tudo que é preciso e ao realizar o que está nos documentos se atenderá em 100% a expectativa do cliente e tudo será um sucesso. Porém, se o ambiente for complexo, uma documentação completa antecipadamente não garante o sucesso de nada, pois ambientes complexos possuem produtos e serviços desconhecidos, com resultados que não foram validados, com experimentações ainda não realizadas e que precisam do empirismo para serem confirmadas. Nesses ambientes complexos a documentação deve ser a mínima necessária para se trabalhar e ter um produto e serviço funcional para ser utilizado e com isso os *feedbacks* retornados. Os ciclos devem ser menores justamente para diminuir os riscos. Em ambientes complexos uma documentação detalhada não diminui risco, o que diminui risco é um período curto de trabalho, com a geração de um incremento de produto ou serviço que poderá ser colocado para funcionar no cliente e este passar o mais breve possível a confirmação da hipótese de que o produto ou serviço funciona para a sua necessidade ou não.

Vitor Massari responde:
E quem disse que método ágil não tem detalhamento de requisitos? Métodos ágeis pregam que você trate escopo como estoque. Tem que ter o suficiente para entregar, mas tem que ter uma visão de futuro e um estoque de segurança, pois não pode faltar. O dia em que começarmos a tratar escopo como estoque intelectual pararemos de perseguir a "vaca sagrada" do escopo fechado e requisitos extremamente detalhados.

Parte XV – Missão impossível

43) É possível recuperar um projeto praticamente afundado/fracassado mais rapidamente utilizando métodos ágeis? É possível implementar métodos mesmo depois do início do projeto?

Fábio Cruz responde:

Sim e não, depende muito da natureza do produto e serviço que o projeto está se propondo a entregar. Caso seja um produto ou serviço complexo, e esse motivo foi um dos que levou o projeto ao fracasso devido a práticas erradas, o processo iterativo e incremental pode auxiliar nas descobertas do produto e principalmente na recuperação do benefício do produto ou serviço junto ao cliente, especialmente com o *feedback* do cliente antecipado e com o aumento da confiança na recuperação do projeto. Um dos ganhos das entregas incrementais por iterações curtas é manter a satisfação do cliente sob controle e antecipar o uso de um produto e serviço, gerando valor e benefício ao cliente final, mesmo que não completo, mas parcial, gerando confiança e fazendo com que os trabalhos sejam continuados.

Sim, é possível implementar novos métodos em projetos já iniciados – na verdade, esta é uma das premissas do Ágil no que tange à melhoria contínua e responder a mudanças sempre que necessário, tanto em produto quanto em processos e métodos. A cada iteração completada e inspeção realizada em processos, ferramentas e relacionamentos, é possível sugerir ajustes em processos, que envolvem métodos, práticas e cerimônias, sempre buscando fazer melhor na próxima iteração. Isso pode incluir mudar todo um método de trabalho, mesmo porque não é o uso do método que faz a entrega de um projeto um sucesso, mas, sim, a entrega do objetivo e benefício do projeto com "qualquer método".

Vitor Massari responde:
Depende. Se seu projeto estiver mergulhado no mais absoluto caos, a melhor solução é "arregaçar as mangas", agir e evocar vários termos abomináveis como *task force* e *war room*. Agora, se o projeto for complexo e abordagens empíricas, iterativas, incrementais e focadas em melhoria contínua forem aderentes, poderemos ter alguns ganhos. O caso mais emblemático sobre recuperação de projeto em crise usando *Agile* foi o *case* do FBI, projeto *Sentinel*, que fracassou durante nove anos até migrar para uma abordagem *Agile*. O *case* está descrito no livro "Scrum: a arte de fazer o dobro na metade do tempo", de Jeff Sutherland, e também no meu canal no YouTube: <https://www.youtube.com/watch?v=yAOCRYxd9DQ>.

Parte XVI – MVP

44) Como identificar e controlar o tamanho do MVP?

Fábio Cruz responde:
Bom, para mim um MVP tem duas características básicas para ser considerado um verdadeiro MVP:

1. **Validar uma hipótese:** se o produto entregue pelo suposto MVP não valida nenhuma hipótese, simplesmente entrega algo esperado e previsto, não é um MVP.
2. **Ser limitado:** um MVP não pode ser completo e precisar de evolução para entregar o benefício esperado por completo. Se o suposto MVP entrega todo o benefício esperado, ou se não é continuado após ter a sua primeira entrega como MVP, não é um MVP.

A partir disso é possível entender que um MVP deve ser pequeno o suficiente para entregar um benefício tangível ao cliente e validar a hipótese esperada, e não grande o suficiente para entregar todo o benefício esperado e não validar mais hipótese por ter atingido a certeza e previsibilidade durante o desenvolvimento. Ao validar a hipótese inclusive, o resultado pode ser um produto não viável e que não entregará benefícios, sendo interrompido e o produto, descontinuado.

Como ideia de tamanho, podemos utilizar o conceito de iterações e incrementos do Ágil e *frameworks* como o *Scrum*. Poucas *Sprints* podem ser suficientes para ter um MVP validado, mas isso também dependerá do conceito de inovação que está por trás de um MVP. Quando se trabalha com MVP, o investimento no produto é de alto risco, podendo ser perdido e não gerar retorno. Por isso o tempo máximo, ou tamanho máximo de um MVP, deve ser o tempo máximo que o seu investimento dure, e por isso o grande desafio e o "ser ágil" no desenvolvimento de um MVP é conseguir, dentro do tempo disponível, validar hipóteses, pivotar e conseguir encontrar um MVP de sucesso a tempo.

Vitor Massari responde:
Na minha visão, este é um dos maiores dilemas do MVP. Aliás, odeio esta palavra, que é carregada de dois termos extremamente subjetivos: **mínimo** e **valor**. O conceito de mínimo para você pode ser diferente do conceito de mínimo para mim. Você pode ter um conceito de valor e eu posso ter outro. No geral, reuniões de definição de MVP acabam de três maneiras:

1. Ou um dos lados da discussão enche tanto a paciência que o outro lado acaba desistindo e cedendo.
2. Ou o lado mais persuasivo vence.
3. Ou simplesmente rola aquela "crachazada" acompanhada de um: "quem está pagando isso sou eu, então o mínimo é este e ponto final".

Como podemos fazer para resolver isso? Venho ao longo dos anos atrelando MVP a objetivo do produto, utilizando a Técnica Binária de Massari através de uma pergunta muito simples: "este item inviabiliza algum dos objetivos do produto?". A resposta deve ser sim ou não. Se a resposta for SIM, entra no MVP. Caso contrário, não entra. Termos subjetivos como "depende, dificulta, veja bem, acho que" ficam de fora da técnica binária. Uma outra técnica bacana de identificação de bons MVPs é a *Inception* Enxuta ou *Lean Inception*, desenvolvida e disseminada pelo Brasil através do amigo e mentor Paulo Caroli.

Parte XVII – PMO

45) Como o escritório de projetos pode contribuir com a organização e seus clientes, se destacar e integrar, de forma eficaz, todos aqueles que fazem parte de um programa ou de um projeto, aplicando *frameworks* ágeis ou modelos híbridos no acompanhamento, no apoio, na geração de indicadores (*reports*), durante e após a sua execução, avaliando em uma base única de conhecimento e lições aprendidas a efetividade das práticas adotadas, passo a passo, bem como sua evolução (maturidade)?

Fábio Cruz responde:
Um escritório de projetos ainda tem muito espaço nas organizações, porém precisa se reinventar em vários fatores. O primeiro é a descentralização da gestão, dos controles e dos monitoramentos. A primeira reinvenção é esquecer a ideia de estar presente em tudo, organizar tudo, integrar tudo, reportar tudo e armazenar tudo que for histórico e centralizar lições aprendidas e avaliá-las. Isso não tem a menor chance de funcionar em ambientes complexos onde a agilidade está presente. A descentralização da gestão é o caminho, e todos os itens da pergunta são variáveis de gestão que devem ser compartilhadas com as equipes de trabalho e não centralizadas pelo PMO. Um PMO Ágil pode ser o principal facilitador para integrar equipes de programas e portfólios ou de múltiplos projetos, ligando-as às estratégias organizacionais e contribuindo para a coordenação de entregas integradas e conjuntas. Mas controlar e gerenciar tudo isso não é o caminho. Cada time controla e monitora o seu próprio trabalho, entrega, métricas e indicadores, e o PMO Ágil consolida tudo nas informações que a organização precisa visualizar, como *dashboards* ou relatórios estratégicos, com informações relevantes para o *Board* diretivo e para o alinhamento de decisões estratégicas mais que o comando e controle dos trabalhos das equipes – esse último trabalho deve ser de responsabilidade das próprias equipes e de seus líderes locais. O fator crucial para um PMO é entender que ele deve ser um prestador de serviço para a

organização e seus *stakeholders*, e para o Ágil deve ser um agente de mudança organizacional, contribuindo para a descentralização, corresponsabilidade e auto-organização. Em ambientes complexos a gestão e a liderança global devem ser mais facilitadoras e servidoras e menos coordenadoras e controladoras, pois os times precisam planejar mais seus trabalhos e serem responsáveis por suas próprias entregas. Um PMO Ágil precisa influenciar na reinvenção do sistema de metas e indicadores, que deve ser substituído por indicadores e metas globais. Os times terão seus objetivos locais, mas totalmente conectados com as metas globais que serão consolidadas pelo PMO Ágil e disseminadas na organização. Por fim, fuja da ideia de acompanhar a efetividade de todas as práticas "passo a passo". Esse não deve ser o objetivo de um PMO. Foque nos resultados que as equipes estão entregando e atingindo e faça com que estas melhorem suas práticas para entregar melhores resultados. O "passo a passo" das práticas deve ser uma responsabilidade das equipes e da liderança local (um *Scrum Master*, por exemplo) e não do PMO. É loucura ou mentira afirmar que um grupo de gestores em um PMO vai controlar, acompanhar e controlar o "passo a passo" de dezenas de pessoas, trabalhando em dezenas de projetos e produtos diariamente em ambientes de alta complexidade. Recomendo a leitura do livro "PMO Ágil", da Brasport, onde é possível compreender mais essas questões.

Vitor Massari responde:
Eu acredito que o escritório de projetos deva se reinventar no sentido de:

1. Descentralizar a gestão e indicadores e deixar isso a cargo de seus líderes de projeto
2. Começar a conectar mais como as entregas do projeto estão se relacionando com os objetivos estratégicos da organização e como medir os reais benefícios ou valores percebidos obtidos com as entregas

3. Auxiliar no mapeamento das restrições organizacionais que impactam diretamente os projetos do portfólio de projetos
4. Analisar constantemente a equação Demanda (Projetos) x Vazão (*Capacity*) x Fluxo (*Waterfall*, Ágil ou Híbrido)
5. Auxiliar na cadeia de valor dos processos de gestão de projetos, ajudando na otimização dos desperdícios e das restrições organizacionais

* * *

46) Em termos de Indicadores-Chave de Performance (KPIs), Acordos de Nível de Serviço (SLAs), pessoas e ferramentas (*tooling*), como será o modelo do PMO Ágil nas organizações no futuro?

Fábio Cruz responde:
O futuro já é presente em várias organizações que entenderam o papel de um PMO sintonizado com a velocidade das mudanças que estão acontecendo. Os escritórios de projetos estão deixando de atuar em auditorias, padrões e controles rígidos, e migrando para a entrega de valor e benefícios às suas organizações. Todos os outros trabalhos anteriores passam a ser realizados pelos times de projeto de maneira descentralizada, com o apoio do PMO em vários momentos, mas de maneira colaborativa a quatro mãos. Principalmente em ambientes complexos, onde a necessidade da utilização de processos ágeis é latente, um PMO precisa se reinventar e caminhar para ser um agente de mudança e disseminador de princípios, práticas e ferramentas ágeis, além de provocar a descentralização da gestão e a corresponsabilidade de planejar, entregar e controlar iniciativas, projetos, desenvolvimento de produtos, portfólios e programas. Um PMO que entende o seu papel de prestador de serviço contribui com as equipes de projetos em perseguir metas estratégicas globais, em priorizar melhor seus trabalhos com foco nessas metas estratégicas

globais e em usar processos mais enxutos e mais ágeis. Um PMO Ágil não busca padronizar o trabalho de todos, mas criar um padrão em que todos criem seus próprios métodos, ferramentas e artefatos de trabalho para entregar melhor seus produtos e serviços sem perder o foco global: a sintonia e o sincronismo com informações que precisam ser transmitidas e monitorados pelo corpo diretivo da organização. No caso de indicadores e KPIs, o PMO precisa estar conectado com a estratégia da organização e entender quais são as metas ou objetivos globais, direcionar as equipes a criar metas locais que vão ao encontro dessas metas globais e orientar para que não existam metas locais desconectadas e que muitas vezes puxam as equipes para lados opostos diariamente. Não há KPIs padronizados para todos ou para ambientes ágeis, é preciso entender a complexidade existente, quais são os objetivos estratégicos mapeados e como cada equipe ou projeto irá contribuir para atingir esses objetivos e navegar nos ambientes de complexidade distintos. Indicadores ou métricas certas em situações ou ambientes errados se tornam métricas e indicadores errados.

Vitor Massari responde:
Para mim, os indicadores deverão ser sobre benefícios e objetivos. A metodologia PRINCE2® já fala sobre Plano de Revisão de Benefícios já há alguns bons anos. Sobre objetivos, simpatizo muito com a metodologia OKR (*Objective And Key Results*), criada pelo Google. Na minha humilde visão, o PMO tem que atuar cada vez mais como uma governança corporativa. Para mim, o PMO que mede indicadores de escopo, tempo e custo está com os dias contados.

* * *

47) Como agregar valor ao PMO através do gerenciamento ágil do portfólio de projetos?

Fábio Cruz responde:
Primeiro é preciso entender quais os propósitos e os benefícios diretos que o PMO pode entregar para a organização e quais são suas responsabilidades inerentes a esse trabalho. Na sequência, é preciso que o PMO seja um agente de mudança organizacional, atuando como disseminador de boas práticas e um centro de excelência e buscando interpretar e entender quais as complexidades existentes no ambiente de projetos e produtos. A sugestão é a análise a partir dos sistemas e domínios do *Cynefin* e entender quais projetos estão inseridos no sistema ordenado e que podem ser planejados de maneira preditiva e controlados a partir de indicadores clássicos tais como escopo, prazo e custo. É preciso também entender quais projetos estão inseridos no sistema complexo, aqueles que precisam ser planejados e executados de maneira iterativa e incremental e controlados com indicadores mais voltados para os objetivos atingidos, problemas resolvidos, valor percebido. Em todos os casos, é preciso entender quais são os objetivos e benefícios organizacionais que precisam ser atingidos. O mesmo vale para os clientes que usam os projetos, produtos e serviços: qual o retorno que será obtido, qual o *cost of delay*, qual a priorização real e objetiva utilizada de acordo com os benefícios que serão gerados. Em ambientes ágeis o controle somente de escopo, custo e prazo não é eficiente nem eficaz e não garante resultado positivo. Já em ambientes preditivos é preciso gerenciar os benefícios mesmo ao cumprir prazo, custo e escopo.

Vitor Massari responde:
Parando de medir indicadores de escopo, tempo e custo e medindo indicadores de objetivos e benefícios.

* * *

48) Um PMO Ágil unido com modelos híbridos em gestão de projetos é possível?

Fábio Cruz responde:
Com certeza, especialmente com o foco de descentralizar a gestão e promover uma corresponsabilidade entre todos os envolvidos com os projetos e o desenvolvimento de produtos e serviços com planejamento, execução, monitoramento e controle dos trabalhos que são realizados e entregues. Em um modelo híbrido, os times de projetos ou equipes ágeis trabalham diariamente nas atividades de microgestão do seu trabalho, como planejamento do que será entregue a curto prazo, de como vão monitorar e controlar o próprio trabalho diariamente, como irão trabalhar na construção do seu produto e serviço de maneira auto-organizada e na comunicação eficiente e eficaz de tudo isso para a organização como um todo. Nesse ponto o PMO pode entrar como um canal de comunicação, um facilitador e um integrador quando houver vários times de projetos e até estruturas de programa e portfólio. A responsabilidade do PMO passa a ser de atuar como facilitador e prestador de serviço na gestão macro dos múltiplos projetos, que podem ser independentes entre si ou interligados em programas ou portfólios. A gestão macro pode ser entendida como conexão com a estratégia organizacional e orientação do caminho que os projetos irão tomar para contribuir para as metas globais (estratégias da organização) e não serem iniciativas perdidas ou isoladas do todo. O pensamento ágil entra como propulsão na busca por práticas de melhoria contínua e processos que se encaixam melhor em sistemas ordenados, complexos ou caóticos. Na prática, a combinação de processos, ferramentas e artefatos que funcionam em todos esses sistemas de acordo com o contexto organizacional e complexidade forma um modelo híbrido. Convido mais uma vez à leitura do livro "PMO Ágil".

Vitor Massari responde:
Primeiro precisamos entender o que é PMO Ágil. Mais um rótulo do momento? O único PMO Ágil® que eu conheço e reconheço é o *framework* criado pelo Fábio Cruz, coautor deste livro, que visa sugerir uma abordagem *Lean* para o acompanhamento de múltiplos projetos. Se for dentro da proposta do *framework* criado e validado em alguns de nossos clientes, a resposta é: sim, é possível!

Parte XVIII – Recurso compartilhado

49) Como trabalhar com *Scrum* em empresas que utilizam recursos compartilhados?

Fábio Cruz responde:
Bom, antes de mais nada é preciso entender que, em qualquer projeto, desenvolvimento de produto ou serviço, o compartilhamento de recursos gera perdas. Inclusive, existem pesquisas ligadas ao trabalho de engenharia que mostram que um engenheiro trabalha 100% em um único projeto e produz 100%; porém, se ele estiver em dois projetos a sua produtividade cai para 80%, e assim gradativamente – a cada projeto adicionado, a sua produtividade não é apenas dividida pela quantidade de projetos, a perda é gradativa, podendo chegar a quase 0% em um número excessivo de projetos. Dessa maneira, no *Scrum* não seria diferente, ainda mais quando temos problemas e produtos complexos. Uma das maneiras de resolver problemas complexos em um menor espaço de tempo é o foco e os times dedicados, e o compartilhamento irá gerar maiores perdas ainda. Assim, o compartilhamento de recursos, ao contrário do que parece, gera perdas e desperdícios, e a sugestão é entender exatamente que desperdícios são esses e de forma transparente deixar visível para todos. Se a perda for maior em ter pessoas dedicadas, mantenha o compartilhamento; se a perda maior for com o compartilhamento, mantenha as pessoas dedicadas. Agora, se você não souber isso, lamento, você está rasgando dinheiro.

Vitor Massari responde:
Como se trabalha em qualquer projeto, fazendo gestão de *capacity* e usando matemática. Quanto menor a disponibilidade, maior o *lead time* do projeto. Exemplo: se o projeto tem 800 horas e cada *Sprint* tem 2 semanas (80h), a estimativa de término do projeto é de 10 *Sprints*. Se a equipe fica apenas 50% do tempo dedicada, esse tempo dobra para 20 *Sprints*.

Parte XIX – *Scrum*

50) Uma vez que *Scrum* faz parte do Manifesto Ágil, faria mais sentido o conhecimento amplo do que apenas de uma das técnicas? Diante desse cenário: por que há mais certificações e cursos em *Scrum* do que em abordagem ágil? É mercadológica essa questão ou falta de conhecimento das empresas ou das próprias pessoas que o buscam?

Fábio Cruz responde:
Não é correto afirmar que o *Scrum* faz parte do Manifesto Ágil. Na realidade, as pessoas que criaram o *Scrum* e o mantêm até hoje também participaram da criação do Manifesto Ágil, e algumas do Manifesto participaram do refinamento do *Scrum*. Sendo assim, podemos dizer que ambos têm muito em comum, e o *Scrum* tem regras, cerimônias e papéis direcionados para atender ao Manifesto Ágil – por isso é considerado um *framework* ágil e por isso também é reconhecido como o principal *framework* pelos que defendem o Ágil. É bom entender que o conteúdo do *Scrum* e do Manifesto informalmente se misturam ao longo do tempo. Eu gosto de pensar que um influenciou o outro, mas oficialmente o *Scrum* foi apresentado em um evento nos EUA em 1995 e o Manifesto Ágil foi assinado em 2001. Mas reconhecidamente já eram utilizados e praticados há mais tempo. Para concluir, o *Scrum* realmente não é a única prática – além de não ser completo por si só, ele não prescreve, por exemplo, gestão de custos e aquisições, então geralmente será preciso complementá-lo com outras práticas. Há um apelo comercial no impulsionamento do *Scrum*, de seus cursos e de suas certificações que o próprio mercado regula. Quanto mais interessados, mais cursos e certificações, e quanto mais cursos e certificações, mais pessoas pensam que só o *Scrum* existe. Também há o fato da falta de conhecimento dos profissionais, que acabam por confundir *Scrum* com Ágil e acreditar que só existe o *Scrum*, ou simplesmente que *Scrum* é o Ágil. Essa confusão se dá parte pelo mercado predador em cima do *Scrum* e também pelo fato de ter muita gente ensinando errado e gerando desserviço, e por consequência gente aprendendo errado e se limitando ao

uso somente do *Scrum*. Eu defendo há vários anos a combinação de práticas, e isso pode ser conferido no meu livro de 2013 intitulado "Scrum e PMBOK unidos no gerenciamento de projetos".

Vitor Massari responde:
Questão bem ampla, mas vamos lá. Temos vários pontos a serem considerados aí:

1. O *Scrum* foi o primeiro *framework* "ágil" criado em 1993, quando nem o termo "ágil" e nem o Manifesto Ágil existiam. Logo, ele saiu na frente com relação às outras abordagens.
2. De todos os métodos/*frameworks* ágeis criados, o *Scrum* é o de mais fácil compreensão.
3. Sim, existe um mercado feroz de certificações de *Scrum*, desde instituições associadas aos criadores do *framework* até instituições com credibilidade desconhecida. Recentemente até certificação gratuita apareceu, o que fez com que o marketing aumentasse mais ainda.
4. Não tenho dúvidas de que o mercado desconhece boa parte do universo ágil, vide as pavorosas vagas de emprego divulgadas recentemente para *Agile* por estagiários de RH (o antigo DP, apenas com uma roupagem "moderninha").
5. Uma das maiores distorções é o próprio entendimento sobre o que é o *Scrum*. *Scrum* é um *framework* para a construção de produtos/soluções complexos e nada mais. Não é "metodologia" ou "abordagem de gestão de projetos". *Scrum* não trata custos, riscos, aquisições, dependências externas. Logo, se for usado dentro de um contexto de gestão de projetos, precisa ser complementado com outras disciplinas e técnicas. Para saber mais, leia meu livro "Gerenciamento Ágil de Projetos", da Brasport, já em sua segunda edição.

* * *

51) Trabalho em uma empresa que não possui nenhuma metodologia de trabalho. O desenvolvimento técnico, os projetos e a equipe de desenvolvimento são um caos. Gostei e estudei o *Scrum* e metodologias ágeis, tirei certificações e agora quero levar esse modelo de trabalho para a empresa. Fiz apresentações para a equipe e a alta gerência e todos gostaram. Porém, não tenho um cargo de influência na empresa, o assunto foi ficando morno e até agora não deslanchou. As perguntas são: como faço para conseguir implementar o *Scrum* nesse cenário? Esse cenário é o ideal para o *Scrum*?

Fábio Cruz responde:
Primeiro você precisa de patrocínio, o que chamamos em projetos de um *sponsor*, para que você realmente pense seriamente em implementar métodos novos de trabalho. Como você mesmo disse, as pessoas gostaram, porém você não tem poderes e influência para movimentar nada, então os primeiros problemas são: "as pessoas gostarem não significa muito se não houver patrocínio", e a sua falta de empoderamento e influência vai trazer muita resistência e será difícil avançar e conquistar terreno. De qualquer maneira, é possível iniciar alguns trabalhos para que possa inclusive mostrar resultados diferentes para conseguir patrocínio e apoiadores de novos métodos. E, nesse caso, onde não há método nenhum, qualquer primeira estruturação provocará uma grande mudança e mostrará a todos que é possível trabalhar diferente e ter resultados diferentes e melhores. Quanto a começar com o *Scrum*, é possível, mas é preciso tomar alguns cuidados e verificar algumas características do ambiente antes de decidir por qual método usar. Qual o sistema de trabalho atual? Mesmo sem método formal existe um fluxo de trabalho que poderá ser visualizado? Você pode usar o conceito de *Kanban* para visualizar o fluxo atual de trabalho. Você pode começar montando um *Kanban* com as etapas do fluxo atual de trabalho, que é informal, mas ao descrevê-lo em um *Kanban* ele passará a ser formal e visualizável por todos. Só com esta ação você conseguirá mostrar para todos qual o

fluxo de trabalho existente e quais as forças e fraquezas desse fluxo, podendo inclusive já melhorar algumas fraquezas a partir da visualização do fluxo. Ainda com o fluxo de trabalho no *Kanban*, é possível entender se o *Scrum* seria uma boa opção conforme os problemas identificados no fluxo visualizado e quais as vantagens de usar o *Scrum* para melhorar o fluxo. Outra dica é começar devagar: escolha um time piloto, visualize o fluxo desse time e comece a melhorar esse fluxo mostrando resultados melhores e ganhando força para implementar melhorias em outros times, fortalecer a sua influência e obter mais patrocínio.

Vitor Massari responde:
Não, não é. Por dois motivos: 1) o atual caos; 2) sua falta de influência. O que aconselho é tentar ir para uma abordagem *Kanban*. Primeiramente só o quadro mesmo, promovendo a gestão visual, tornando o fluxo de trabalho visível a todos e trabalhando com sessões de *Kaizen*/melhoria contínua. Depois começando a medir os tempos das atividades, atuando em cima do que torna o cenário altamente variável e caótico. Somente depois de um fluxo de trabalho mais estabilizado eu partiria para uma solução focada em *Scrum*, desde que faça sentido trabalhar de maneira iterativa e incremental.

Epílogo

Olá! Você chegou ao final de nossa obra!

Possivelmente você deve estar se perguntando: "cadê a tal ½ pergunta do título deste livro?" Calma, esta pergunta se refere ao seu *feedback* sobre nossa tentativa de esclarecer algumas das dúvidas mais comuns existentes no meio gestão de projetos e *Agile*!

Conseguimos responder às suas principais perguntas e dores? Ficou faltando alguma pergunta? Tem ideias de perguntas bacanas para escrevermos um volume 2?

Entre em contato conosco e compartilhe suas percepções, nos seguintes canais:

Hiflex Consultoria
LinkedIn: http://www.linkedin.com/in/hiflexconsultoria
Instagram: @hiflexconsultoria
Website: http://www.hiflexconsultoria.com.br

Vitor Massari
LinkedIn: http://www.linkedin.com/in/vitormassari
Instagram: @vitormassari

Fábio Cruz
LinkedIn: http://www.linkedin.com/in/fabiorcruz
Instagram: @fabiocruz.br

Seu *feedback* é muito importante para continuarmos com:

Nossa Missão
Ajudar pessoas e organizações a atingirem melhores resultados através de abordagens ágeis, enxutas e colaborativas de gestão.

Nossa Visão
Criar um universo corporativo com cada vez mais resultados, menos desperdícios, mais engajamento e com maior senso de realização e propósito.

Nossos Valores
1. Indivíduos e interações em um ambiente seguro, mais que processos e ferramentas
2. Entregar resultados continuamente mais que foco em burocracia.
3. Encantar clientes mais que focar em contratos.
4. Experimentar e aprender rapidamente mais que ter medo de errar.

Um forte abraço e nos vemos nos nossos próximos livros! ☺

Acompanhe a BRASPORT nas redes sociais e receba regularmente informações sobre atualizações, promoções e lançamentos.

 @Brasport

 /brasporteditora

 /editorabrasport

 /editoraBrasport

Sua sugestão será bem-vinda!

Envie uma mensagem para **marketing@brasport.com.br** informando se deseja receber nossas newsletters através do seu e-mail.

e-Book
50% mais barato que o livro impresso.

À venda nos sites das melhores livrarias.